落蒂散文集

落　蒂著

文學叢刊

文史哲出版社印行

國家圖書館出版品預行編目資料

落蒂散文集 / **落蒂**著. --初版 -- 臺北市：文史哲,民 101. 06
頁；　公分（文學叢刊；271）
ISBN 978-986-314-036-8（平裝）

855　　　　101011006

文　學　叢　刊　271

落蒂散文集

著　者：落　蒂
出版者：文史哲出版社
http:// www.lapen.com.tw
e-mail：lapen@ms74.hinet.net
登記證字號：行政院新聞局版臺業字五三三七號
發行人：彭正雄
發行所：文史哲出版社
印刷者：文史哲出版社
臺北市羅斯福路一段七十二巷四號
郵政劃撥帳號：一六一八〇一七五
電話886-2-23511028・傳真886-2-23965656

定價新臺幣三五〇元

中華民國一〇一年（2012）六月初版

ISBN 978-986-314-036-8　08271

出版前言

—— 此時我內心充滿感謝

最近常冷靜思考，逝去的日子何其多啊；七十年就這麼快速被我用完了，前面還有多少日子？不敢想，不敢想，真的不敢想。

回想那些消逝的日子，竟感覺每一個日子，都像一位天使，都帶著禮物在路邊招手，而我，是否都收下了？是否只有匆匆經過沒有加以注意？是否忽略了人們的恩情？

愛默森的詩〈日子〉這樣描寫著：「在竹籬的花園裡，觀看著那盛況，／忘了我清晨的願望，匆匆／摘了些香草和蘋果，而日子／轉身安靜離開。我，到得太遲，／在她莊嚴的髮來下瞥見一抹嘲弄。」（引自《陳育虹 2010 日記》）是的，我是否也錯過了某些，甚至有時到得太遲，一生都在接受某些嘲弄？

話雖如此，我還是充滿感激，對周遭的人或事。首先要感謝台時副刊的主編黃耀寬先生，是他提供我寫「人生地圖」的機會，讓我可以從小到大到老，把走過的地方，以詳詳細細的方式，畫地圖的方式把他們描繪出來。逼稿成書，他是我第一本人生地圖的書 —— 《追火車的甘蔗囝仔》能出版的重要推手。那本書只有寫到南師畢業。

後來我分發到嘉義縣大林鎮的社團新村的社團國小，和眷村學生有了三年的緣份。這些回憶就收在本書的第一輯：「我在眷村的日子」。這三年和學生玩在一起，讀書在一起，因為我也要考大學，過得非常快樂充實，也見識到了眷村的生活，感覺彷彿是「小中國」的縮影。

社團三年苦讀，皇天不負苦心人，我終於考上高師英語系，準備好好的研讀西洋文學，以增強我的新文學創作能力。無奈我的英文程度太差，讀得很吃力，不但不能增加創作功力，反而傷害了原有的寫作興趣，我停筆了，決心專心通過學校考試再說。

然而，讀高師卻讓我獲得許多寶貴的友情，直到都年過六十了，大家都還念念不忘老同學，年年舉辦同學會，這些興奮、快樂的聚會，和我當年讀書四年的痛苦，都收在第二輯：〈難忘高師的同學〉。

直到林德俊先生主編聯合報繽紛版，承他邀約寫稿，從九十八年七月起一百年七月止，約有二年我把在服兵役及教書期間，所遇到的較有趣、印象深刻的人或事寫了出來，這些就收在第三輯〈當兵教書的那些年〉。謝謝他，小熊老師。

退休已經十二年了，這十二年中，最熱衷的還是詩人和詩作的研究，寫了不少，出了好幾本專書，在這裡特別選了幾篇證明我是喜歡詩人和他們的詩作的，這幾篇就收在第四輯〈閱讀的美麗歲月〉。我認為好的文學批評，一定也是好的散文。它會有學術的挖深織廣，同時也會有好的文采搭配，使人讀來暢快淋漓，不會枯燥乏味。

從九十八年做攝護腺手術後，又是做心導管裝支架，又是照大腸鏡切除息肉，常常跑醫院。有時感冒咳嗽竟至一、兩個月未好，才感到老了，身體不行了，因此動了整理作品出版的念頭。我最關切的是賞析文字的出版，因為我在外邊與人接觸，許多人還是說不懂新詩。寫詩一輩子，怎能被一句「不懂」，就把我們全部廢了？這是為什麼我一直堅持要寫詩的賞析的重要原因之一。

感謝我高師的同學劉冬龍老師，不辭辛苦，打字校對，更感謝同學好友的奧援贊助出版費。文史哲老闆彭先生，更是照顧我無微不至的兄長，謝謝他幫我出了好幾本書，謝謝，真的萬分感謝。

落蒂散文集

目　　次

第一輯

我在眷村的日子

人嚇人，嚇死人

從學校畢業直接分發，心情是興奮的，但是會分在那裡？天邊？海角？也是令人躭心的。好不容易可以賺錢養家，如果能在住家附近服務，既節省開銷，也可照顧家人，豈不美事一樁？

然而，派令一接到，臉都綠了，是聽都沒聽過的「社團國小」。打聽之下，原來它是一個軍眷區的迷你小學，只有十二班，就在大林鎮的內林和溝背之間。這個軍眷區就叫社團新村，社團國小原來是三和國小的分部，後來獨立出來。

報到的時候，母親和我分別各自騎著一輛腳踏車，先經民雄到大林，然後往梅山的方向走，直到三和國小旁才左轉進入一條小路，左問右問，終於找到社團國小。學校只有兩排教室，一個操場，面積很小。學校後面就是社團新村，住著百來戶的軍人眷屬，學生以軍人子弟為主，然後是附近三角里、內林、溝背等部份離大林、三和較遠的學生。

大概估計一下，從家裡出發到學校約有十八公里，這下可好，如果不住在學校附近，怎能準時上下班？那時交通工具以腳踏車為主，很少人買得起機車，更別談汽車了。稍富有的人以自行車加上馬達，已是十分神氣風光。再看嘉義客運、公車也沒有從大潭直達社團的，如果一再轉車，既不經濟，也容易遲到，看來只好住在學校附近了。

由於人生地不熟，一時租不到什麼理想房子，只好暫時租住一個鄉下人廳堂旁的廂房，但由於沒有居住應有的設備，只住了一個月，就匆匆退租，搬到學校的值校室居住。

當時男老師晚上必須輪流值夜，老師們都深以為苦，既然有人長期代理，他們都十分高興。值夜費每夜雖然只有四元，但在四十年前，一個月一百二十元也算一筆不小的數目，為了避免不必要的困擾，還是由當值老師具名領取，每個月買些水果、餅乾大家同樂一番，倒也相安無事。

後來我漸漸聽到一些傳言，說這個學校校地原來是墳墓地，值夜人員每夜都會遇到靈異事件。我雖然不怕，但心裡還是毛毛的，一到夜晚，就緊閉門窗，打開大燈，把要升學的參考書籍拿出來研讀。

我聽到學校老師說他們以前值夜，曾有小孩子來敲門、拉窗，常常被嚇得半死。而我住了一個多月，竟然都沒什麼異樣，莫非他們胡說嚇人？

就在一個下雨的晚上，我看書看到累了，正想休息，此時玻璃窗上竟然出現一個身影，而且正是老師們所說的穿橫紋線條衣服的小孩，正在搖著窗子，我嚇了一跳，從不透明的毛玻璃看過去，還真像一個小孩，而且用力的搖著窗子。

怎麼辦，天下竟然有鬼神之事？是不是和別的老師一樣，把棉被蒙在頭上，躲起來算了？可是，這樣一定睡不著，明天如何有精神上課？我既沒做虧心事，怕它幹什麼！把心一狠，竟然把門開了起來！

「喵！」的一聲，一隻橫紋色彩的花貓喵的一聲跑入黑暗之中。

「原來是一隻貓！」我心神甫定，暗自嘲笑自己，怎麼這麼膽小，竟被一隻貓嚇著了。如果老師們也打開門看個究竟，不就不會以訛傳訛嚇人了？

從那次之後，我就不再關門，而是門戶大開，看你還有什麼東西會來。

不過，後來有一次還是被嚇到了，不是被鬼嚇到，而是被人嚇到。

原來學校裡有一位陳老師，她有一位女兒正在讀大林高中，有一次一位同學來她家玩，她就帶這位同學到學校來開我玩笑。

首先她們在外面敲門，我正赤膊著上身，在釘一張書桌，放下手中的工具。到門口探了一下，什麼也沒有。我回來繼續鋸我的木頭，此時門又敲了起來，我再探頭一看，什麼也沒有！糟了！這下我膽怯了，猛然把門一關，並且上鎖。心想，不管是人是鬼，我在房子中，你可拿我沒辦法了吧？

正在胡思亂想間，陳老師的女兒突然開口叫我：「老師，是我啦！張秀芬啦！我和我的同學孫劍影來找你玩，幹麼怕成那個樣子！」

我把門打開，一面穿上衣，一面數說她兩句：「人嚇人會嚇死人的！真是小孩子！」

「你不是說老師們都膽小嗎？你也不怎麼樣！」

就這樣，我和陳老師一家建立了不錯的關係，甚至後來在她家搭伙，並替我借一間眷村空房讓我住，解決了住的問題。

有笑有淚的日子

朱五明早我一年到社團，年輕有活力，點子也多，五年甲班的級任老師，我則是五年乙班的級任它師。

兩班的素質以甲班較好，並且他又帶過一年，而五年乙班在四年級時由林老師帶，老學究的方法，批改作業竟然排隊等待批改，等待期間全班鬧烘烘，你打我一下，我弄你一下，毫無教室管理，林老師則只面對一個學生，神情專注，認真批改，但一年下來，兩班成績截然不同。

由於我初任級任教師，輸人不輸陣，下定決心要和朱五明一較高下，學校校長、教導看我們如此互拼，也內心暗喜。學校雖然每年級只有兩班，但每次月考都公佈兩班成績高下，讓老師們每次月考都自動留學生在教室加強，試卷則由外面出版社提供，考前不拆開，誰也怕考出來的題目自己沒教到，成績不如人，晚上往往每個教室都燈火通明，直到考完為止。

除了月考較勁外，各種比賽都拼得天昏地暗，日月無光。例如躲避球是當年校隊比賽的項目，論實力三和、中林、大林最強，社團往往三兩下就敗下陣來。但我和朱五明兩班經常比賽，竟然因而提升了戰力，在大林鎮的比賽也曾進入前三名，打敗過三和、中林，甚至是大林國小。

朱五明班上兩位男生主力是吳景立和張慶聰，我班上的主力則是江勝得和曾明鐘，兩班都有一人在外，一人在內聯手挾擊，殺聲震天，互有輸贏。

為了輸贏勝利，星期假日也把學生叫來學校訓練，瘋得可以，那樣的日子，真夠刺激，本來我班每打必輸，到後來是勝少輸多，直到最後互有輸贏，兩隊組合起來，竟然可以參加校際比賽。

我和朱五明雖然各項比賽競爭激烈，卻沒有心結，常常一起騎腳踏車到三角里、北勢仔、內林、溝背，甚至到梅山公園散步，我們在聊天中互相知道彼此都想再升學。

朱五明告訴我社團裡有一句老師們的口頭禪:「別的學校考學生，社團則考老師。」

原來社團任教的老師有再升大學的傳統，而且已經考上了好幾位。既然決定升學，就到嘉義明山書局尋找各種參考書，一下子買了一大包回來，以牛皮紙包上，封面寫上:「神州豪俠傳」、「驚虹一劍震江湖」、「一劍光寒十四州」、等武俠小說的書名，以免被人知道我在準備升學。

有一天，一位早我兩年到校的黃老師，走到我座位旁跟我說:「不錯唷！教教書，看看武俠小說，每月按時領薪水，日子也是不錯的！」一副瞧不起人的樣子。

我合上書本，很不好意思的說:「啊！學長，有什麼指教嗎？」他是早我兩年畢業的南師學長。

「你既然稱我為學長，我就老實不客氣的告訴你，年輕人不要這麼沒志氣，師範生向來優秀，如果下一點功夫，可以考上不錯的學校。」黃老師說完，逕自回到自己的座位，算起數學來。

說實在的，早在師範時就有升學的打算，直到進入社會，許多的不適應，更加深了我升學的心願。如今黃學長又當面勸說，更堅定了我升學的念頭。

此外，有一件事情也深深的刺激了我。那就是當年小學同學，如今都已是大學生了，有一次我和幾位剛考上大學的同學到其中一位家中做客，這一位同學的媽媽一面招呼我們坐，一面說：「恭喜你們啦！你們都考上大學了吧！」此時的我，猶如當場一棒，打得我頭昏眼花，但我能說：「沒有，伯母，只有我沒考上大學嗎？」

因此，我一面教書，一面準備升學。甚至到嘉義中興補習班、道成補習班補英文、數學。因為我自認為英數較差。往往上完課從嘉義坐火車回大林已是深夜十一點多，再騎腳踏車從大林回社團，已超過午夜十二點，辛苦異常，但心中有一個堅強的念頭：「我非上大學不可」支撐著我咬牙走下去。

每晚到嘉義補習英數，回到大林騎車往社團的這一段路，雖只有四、五公里，但經過兩個墳墓，夜又黑，行人又少，心中著實害怕，往往加足馬力，用力踩腳踏，以便快速通過墳墓區，也往往就這時，腳踏車的燈就燒毀了，熄了，只好摸黑騎車，那種滋味，現在回想起來，還有點深刻難忘呢！尤其下雨天，全身淋得溼透，第二天感冒發燒，還硬撐著去上課，真有些不堪回首之惑。

不過，在社團這三年，是我人生最值得回憶的日子，和學生玩在一起，打拼在一起，第二年他們都以不錯的成績考上初中，第三年，我也順利考上大學。誰說這不是有笑有淚的日子？

竹籬笆的往事

許多來自不同地區的人，住在同一個村子裡，會發生什麼問題？有趣？苦惱？都有，我就在社團新村見識到了所謂族群問題。

住在眷舍裡有來自大江南北各省的人，於是東北人成了一個小集團，浙江人和浙江人常在一起，湖南人和湖南人比較有互動，四川人常在一起話家常。

這也沒什麼不好，問題是一有糾紛，老鄉幫老鄉，幾乎演變成族群械鬥。最明顯的是村長選舉，總是人數眾多的一省推出的代表當選。

眷舍建築簡單，隔音不好，一家與一家之間只以竹籬笆隔開，這就是後來有描寫眷村的故事，就叫「竹籬笆的春天」。

這樣的設計，如果兩家要好，有什麼喜事只要呼叫一聲，馬上過來幫助慶祝，有什麼急難，只要一喊，也是幫忙馬上來。煮了什麼好菜，從竹籬一邊遞到另一邊，大家有福共享。

如果處不來，我嫌你家收音機聲音太大，馬上吵了起來，有時兩家競賽看誰家的收音機大聲。

我就在借住眷舍期間，因聽收音機的英文廣播教學，而被鄰居狠狠的羞辱了一頓:「什麼東西！聽那種嘰哩咕嚕的東西，吵死人！有學問啊？有學問也不會來這裡騙小孩，還不已經當大學教授去了！」還好，這個鄰居和陳老師是同鄉，經她一再說明，並叫我道歉，有事沒事還買些糖果巴結一下她的小孩。這樣總算換來了讚美：「唉喲！年輕人那麼上進啊！那天我們大毛、二毛也請你指點指點功課。」

眷區有些士官，為了成家，也顧不得台灣女孩有病、白痴，統統可以娶回來。有一次跟一位老士官聊天，他說：「沒辦法呀！不管怎麼樣，結了婚，總算有一些親戚，有時生個兒子，也有人傳宗接代。」據說早期老士官們都要花一筆錢去娶窮人家的女孩，或者小時候生病，其貌不揚，智商有些問題的女孩，甚至也有精神方面疾病的，仍然不太計較。

這些老士官們知道自己的太太不太會照顧小孩，晚上常常可以回家，他們服務的地點就在附近。小孩子上學了，還會經常到校巡視關切。有時還真像督學，干涉起教學來。

有一次我正在上國語，一位老士官馬上進來干涉：「不要上鬼語（國語），上算術好了，鬼語我們自己會教！」我聽他的意思是國語只要會講會唸就好了，算術較難，他們沒辦法。趕忙叫學生拿算術課本，教起雞兔同籠、水流問題和植樹問題。這下子這位老士官服了：「俺就是不懂這些玩意兒！好！教的好。」

也有干涉起我的服裝來的，我因為窮慣了，節省慣了，就把學生時的制服穿到學校上課。一位老士官找到校長：「嘿！我說校長啊！你怎麼派一個小孩子來教小孩子！」

校長一面告訴他我是正牌師範生，經過專業訓練，教書沒問題，但他還是不以為然：「我怎麼看他怎麼像小孩子！」不得已，我訂製了一套西裝，買了條領帶，這下子像老師了吧！也剛好，第二年妹妹就結婚了，我這套西裝剛好派上用場，不過足足花了我一個半月的薪水，心疼了好久。

當然也不是所有老士官都難纏，我記得有一位姓林的老士官，兒子成績非常好，常常獲得我的獎勵，獎品只是便宜的作業簿一本，我自己去刻印店刻一個獎字蓋在上面。只要他兒子得一次獎，他就到值夜室來道謝一次：「老師，不好意思啦！白天我在軍中，晚上才來打擾你，來來來我們喝一杯，米酒而已啦！沒有什麼錢買好酒！」從口袋裡掏出一包花生米來。

「我不會喝酒啦！林先生。」我趕忙推辭，但他實在盛情難卻，迫不得已和他喝了一小口。

「不行！不行！男子漢怎麼可以這麼小家子氣，喝這樣一小口，在軍中不被人笑死才怪！」他拿起杯子，咕嚕咕嚕，一下子就喝完一杯。

「唉呀！我實在不行！」勉強也喝了半杯，其苦無比，我真不知道喝酒有什麼好？太難喝了！

「不行！另外半杯再乾了！我十七歲就當兵，大江南北跑遍，不喝酒，那能活到今天！」他不知說什麼歪理，但我還是被迫又喝了半杯。

「再來！再來！」他又幫我倒了滿滿一杯，還猛勸酒。就這樣你一杯我一杯，喝到不知林士官何時走了。我那天就迷迷糊糊的睡到第二天中午，還好第二天是禮拜天。我起床時發現地上吐了一地，我想那一定是我吐的。我真的敵不過他的熱情。

兩種嘴臉

學校五十多歲的簡姓工友，由於年齡較大，我們都叫他「歐吉桑」，學生則稱他「阿伯」。

有一次他在晚上八點多來到學校，我正在值夜室看書，他進來就問我:「年輕人只會看書啊？大林有好多茶室，有漂亮的妹妹，你要不要去看看？」

「不行啦！那樣子不好！」我搖搖頭。聽說大林附近有中坑、崎頂的阿兵哥，人數眾多，酒家、茶室應運而生，甚至東亞戲院也以演脫衣舞聞名。

簡姓工友一看我無動於衷，搖搖頭沒趣地走了。

說巧不巧隔了幾個月，學校有一位老師要去服兵役，大家在大林某飯店設宴歡送他。吃足喝飽了之後，竟然提議到酒家樂一樂。這是我生平第一次上酒家，不願掃大家的興只好跟去。

一進到這家名叫「黑美人」的酒家，許多鶯鶯燕燕馬上圍了過來。大家坐在一個日式的房間裡，小桌子上擺了幾碟花生、魷魚絲、瓜子還有一大瓶清酒。每個人身旁都坐了一個陪伴的小姐。每個人平日雖是道貌岸然，但此時都又摟又抱，十分輕佻的樣子。只有我靜靜的坐著，呆呆的坐著。

「唉呀！不要害臊嘛！」竟然挑逗起我來，並捏了一下我的大腿。

「哦！他可是處男啊，千萬不要佔他便宜！」簡姓工友開玩笑的說。

「敢有樣？那有樣我包給他一個紅包！」坐在我旁邊的小姐低下頭看著我，用台語大聲說著。

「不要這樣！」我不好意思，羞得滿臉通紅，也用台語說著。頭垂得更低了。

「嘿！看這板的，嘸定有樣哦！」坐在簡姓工友旁的小姐也逗起我來。

「來來來，摸這邊看看，有什麼感覺？」坐在我旁邊的小姐把我的手拉過去碰她的胸部。

「不要這樣！」彷彿觸電一樣，我趕快把手縮了回來，臉脹得更紅，頭垂得更低。

「哈！哈！哈」大家笑成一團，想不到眾人竟以作弄我為樂，早知道，我就不管好不好意思，藉故不來了。但此時我能臨陣脫逃嗎？

「哦！對了，我有事要處理，可以不可以先走？」我囁嚅的說。我自己也不知用了多大的力氣和勇氣才說出這麼一句話。

「喲！要遛了！」一把抓住我的手往她的大腿內側碰去，還發出嬌滴滴的浪蕩聲。

「真的嘛！我媽媽今天要來看我！」我鼓足了勇氣堅持一定要走。

「唉喲！都那麼大了還媽媽長媽媽短的，要吃奶啊！老娘這邊就有！」坐在簡姓工友旁的小姐說話更讓人覺得難堪，她們怎麼會那麼粗魯？不過也有些同情起她們來，為了錢，什麼都可以不管了？什麼都可以不要了？

我突然想起不久前聽到的一則傳言，說鄰近某校到台北旅行，老師們集體去飲酒作樂，老師們把最漂亮的小姐禮讓給他們主任，主任回來後竟中了鏢，而且還是國際梅毒，聽說身體到處長瘡，不但流濃，還長了蟲，蟲一條一條鑽了出來，多可怕！

想到這裡，也不管大家作什麼感想，站了起來，準備奪門而出。此時坐在我身邊的小姐臉色一沉，大聲說：「小費呢？」原來還要小費，不是說好一起支付，回校再算？

「什麼小費？」我楞在那裡。

「哈！哈！說多土就有多土！」簡姓工友身邊的小姐又嘲笑我了。

「給多少？」我真的不知道，生平還是第一次上風月場所，許多規矩我怎麼知道？

「好了！好了！不要再作弄他了，讓他走，小費我給好了！」簡姓工友這次突然大方起來，以前常聽他說什麼都可以請客，只有玩女人不能請客，是什麼道理我也不懂。

出了「黑美人酒家」，騎上單車，晚風吹來，體溫降低了不少，回想起剛才的一幕，還心有餘悸，以後不論如何，一定要設法先走。我初入社會，竟然見識老師也會上酒家，站在講台上又是另一幅道貌岸然的樣子，難道這就是人生？這就是我們社會的真面目？

第二天到校，嘿！竟然沒有人提昨夜上酒家的事，辦公室還是聊著某生如何壞，某生如何有潛力，要如何培育民族幼苗……等話題，我拿起課本，逕自往自己的班上走，我要忘掉這些人的昨天和今天的不同嘴臉。

妹妹的婚事

過了年，妹妹就二十歲了，是適婚年齡，在那個年代，十七、八歲結婚不算早，超過二十五、六歲家長就急了。在台南綺思美成衣加工廠工作的妹妹，和一位當外務的男孩很要好，這位男生姓黃，黃爸爸也像待女兒一樣的對待妹妹，逢年過節，都會用提鍋提一些好吃的給妹妹吃。這位外務員我們都管他叫阿榮。

阿榮來過我們家幾次，外祖母對他印象不佳，認為他高大一臉凶惡相，從前男人打女人是家常便飯，外祖母大力反對，把妹妹從台南帶到北投一位同鄉的西服店工作，這位同鄉在北投闖出名號，不論男裝、女裝功夫都是一流的。

這位同鄉有一位親戚娶了大小兩位太太，相爭的結果小太太輸了，帶著五個小孩北上謀生，大兒子在台電工作，比妹妹大幾歲，就把他介紹給妹妹。

外祖母一聽是小太太的兒子，馬上叫母親到北投把妹妹帶回來。「什麼？砍給母豬吃也不嫁小老婆的兒子。」外祖母破口大罵，順便也把她一生的積怨也稀哩嘩啦的從頭訴說一遍。因為外公也是討小老婆，棄外婆和母親於不顧，外祖母認為母親一生的不幸，完全是外公造成的。

妹妹帶回大潭沒幾天，這位名叫勝強的男孩和他的母親就追到大潭，表明勝強因太愛妹妹，所以無心工作，在公司負責的部門屢出狀況，只好請假南下說明，希望能湊合兩人的婚事。

外祖母也有心軟的一面，眼見如此場面也不再反對，男方回去後，趕快找媒人來說親，沒多久就訂婚了。結婚前一天我們搭車到北投，就住在同鄉的西服店中，準備明天禮車來迎娶。

「媽，我想先到勝強家看看，順便瞭解一下勝強的個性。」我突然不安起來，對勝強的家庭、個性完全不瞭解，妹妹就要嫁入人多的大家庭，端別人的飯碗，多恐怖？

「也好，你就先去看看，若不行，立刻回來，馬上停止婚事。」母親眼淚掉了下來。其實，在那個年代，訂婚若再退婚是非常不名譽的，母親就是和溪北的一位小學老師訂婚後又退婚，嫁給爸爸便三天兩頭吵，甚至打架，其中原因除了個性不合外，父親心中有疙瘩也是原因之一。

我坐著計程車直奔勝強家，那是一間二樓平房，雖簡陋，尚可安身，只是四個兄弟若都結婚住在一起，未免小了一點。那天晚上和勝強一起住，聊了很多，對他的個性保守、平和為人謹慎，倒是十分欣賞。

「我們剛上來台北時，父親生意已經失敗，留在大潭與大媽同住，只有母親帶著五個小蘿蔔頭上台北，母親一面替人作雜工賺取生活費，我們小孩子則要賣油條、送早報貼補家用。」勝強回憶以前的苦況，臉上露出無奈的神情。

「我戴著斗笠賣油條，一看到同學，就用斗笠遮住了臉。」勝強兩手一攤，表示雖然怕失面子，但生活的壓力，逼迫得你不得不去做。

「我唸初高中都是唸補校，白天做小工，晚上去唸書，那種苦況實在不知如何描述。」勝強說著說著竟掉下淚來。

「沒關係，吃苦如同吃補，只有苦過的人才知道珍惜一切。」我安慰勝強，兩人竟如同兄弟般的無所不聊。

「謝謝你，其實我很感謝開南商工的王少聰老師，不但介紹我進台電火力發電廠檢驗煤炭，還送我許多升學叢書，輔導我考上中原理工學院夜間部。」勝強是個知道別人恩情的人。

「哦！檢驗煤炭？炭商聽說都會送禮，以便容易過關。」我趁機試試勝強的廉潔。

「對了，每次都有人送禮，我都當面拒絕，有一次我不在家，炭商就把一個大紅包藏在餅盒中強留在家，母親沒打開，也不知什麼東西，我回來後立刻到郵局以存證信函掛號退還。」勝強訴說著，彷彿陷入回憶之中。

「有一次同單位的小賴收了人家的禮，被判了刑，讓我很引以為戒，不得已，申請調單位，如今我已不負責這份有風險的工作。」勝強順便告訴我目前的工作情形。

我一聽十分放心，妹妹終於找到了可靠的對象，當天晚上我就安心的住在勝強家，沒有回北投。第二天便和勝強搭娶親的禮車到北投迎娶。現在想想十分可笑，但那時心中的不安，以及對妹妹前途的記掛，竟使我忘記禮數，但只要妹妹幸福，這些都是可以不太計較。

無緣做厝腳

原來社會這麼複雜？我終於從單純的學生，充滿理想的書呆子裡，頓悟了過來。原來社會不是那麼一回事，我必須處處小心，否則從「黑美人」酒家奪門而出的狼狽鏡頭一定會再出現。

就以我替人值夜，暫住值夜室到借得眷舍棲身的歷程來說，中間也是歷經了無數的波折，尤其以向大林鎮長的母親租屋最為險惡，差點面臨絕境，丟了工作。

話說我在一戶人家的大廳廂房住了一個月之後，發覺實在不方便，乃四處找房子。無巧不成書，當我看到一戶庭院幽靜，花木扶疏的老舊大宅院，便站在大門口觀望。此時走出一位老婦人。

「少年耶來坐啦！」阿嬤很客氣，向我打招呼。

「您住的厝真水哦！」我用台語讚美。阿嬤說她不會國語，只會講台語和日語。

「你厝有住很多人嗎？這麼大的房子！」我借機會試探打聽，如果能租到其中任何一小間，豈不美哉？又可以欣賞美的花木，也有安靜的唸書空間，因為這個大宅院四處沒有鄰居，只有稻田。

「嘸啦！只有我一個人自己住，阮兒子在做大林鎮長啦，真無暇。」阿婆微笑著對我說。

「要不要把房子分租一間給人？我是社團國小的老師啦，一時找不到地方住！」我誠懇的拜託阿婆。

「不要緊啦！你就搬來住，房租算你便宜一點啦！」阿婆看起來是一個和善慈祥的人。「這是訂金啦！明天我請人來打掃！」我心中很高興，給了阿婆一百元訂金。那時物價指數不高，阿婆說每月只要房租一百元。她可以做零用錢。

第二天，我真的請人去打掃，花了一天的工夫，終於整理出一間不錯的房子。心想，這裡設備齊全，不用再耽心了。

正得意自己有一個地方可以棲身時，有一位五十上下的人士，騎著偉士牌的機車進來。他穿西裝打領帶，身裁矮胖，滿臉橫肉。

「阿母，誰叫你把房子租人？」原來是阿婆的兒子，鎮長先生。說話的口氣十分不好，很生氣的樣子。

「嘸啦！有一個伴也好，這裡附近都沒有鄰居！」阿婆有些請求的味道，一點都不像母親對兒子，有長輩的威嚴。

「不行！不行！我說不行就不行！」鎮長轉身面對我說：「還好，你還沒搬東西來，就不要租了，把租約拿來還我！」

「怎麼可以這樣？我已經打掃好了，而且也給了訂金！」畢竟我年輕識淺，說話直率。

「訂金還給你不就得了！」鎮長很大聲的說。

我只好先回學校，第二天校長找我，希望我不要和社會人士，尤其是鎮長起衝突，那樣對我、對學校都很不利。

可是我一方面太喜歡那個宅院了，另方面阿婆自己一個人住實在不安全，我告訴校長我再爭取看看。

想不到隔沒三天，鎮長親自找到學校來，同事告訴我快走，說他帶著一支扁擔，一付要找人算帳的樣子。

「他是個粗人，雖然當鎮長，但滿嘴土話、粗話，遇到任何事都要以武力解決，你還是先避一避。」同事一面勸我，一面推著我從側門出來，先到眷村躲一躲。

後來聽說鎮長足足罵了一個多鐘頭，然後恨恨的走了。本來以為沒事了，而且也決定不去住了，並且把房租契約書交還給阿婆。沒想到一個禮拜後突然督學來訪，並帶來一位家長委員，表明有家長控告我體罰學生。

那年頭流行不打不成器，老師們每人備有一根籐條，我雖然沒有動不動就打，但體罰自認不敢說沒有，只好楞在當場。

督學走後，校長告訴我，這一定跟鎮長有關，一定要找有力人士前去道歉，否則事情沒完沒了。

我連夜趕回大潭找母親，一起去看村中的萬事通蕭先生，蕭先生叫我安心回校上課，這件事由他處理。

就這樣，一直到我三年後離開社團到師大升學都沒有碰到什麼鎮長、督學、家長委員找麻煩。原來蕭先生認識一位住梅山的國大代表和一位住大林的縣議員，透過他們才能擺平這件事。

直到很久以後和蕭先生聊天，他才告訴我人家是要給不知天高地厚的年輕人一個教訓。看來，好像還是好意呢！

謎樣的人和事

陳老師看我每餐吃要大老遠的跑到三和國小前面的小吃店，既不經濟衛生，也十分辛苦，就歡迎我到她家搭伙，每月伙食費三百元，她說這樣對大家都好。那時我的月薪才七百八十元，到小吃店吃飯，雖儘量節省，每月所剩無幾，幾乎是月光族，而陳老師說她們不差一隻碗、一雙筷子，就這樣在社團三年，我也在陳老師家搭伙三年。

陳老師的大女兒雖已高三，但小女兒才四年級，我順便幫她指導一些功課。她的兩個兒子，一個才二年級，一個一年級，大的叫大頭，小的叫小豬，和我玩的很好，有一位比我早一年到社團的朱五明老師，年齡和我相仿，也常在陳老師家出入，也會買玩具給大頭、小豬。中間還發生了許多有趣的事。

每一次我和朱老師分別買糖或玩具給大頭和小豬的時候，就會看到小孩子真現實的一面。比如今天我買了玩具槍給他們，你問他們誰最好，他們馬上異口同聲的說：「楊老師最好。」那一天換朱老師買了玩具大刀給他們，他們又會高呼朱老師萬歲。就這樣，常常逗得大家哈哈大笑，其樂融融。

社團國小的東邊，有一塊公有的土地，荒蕪在那裡，沒人管理，陳老師會拿著鋤頭，一點一點的清除雜草和亂石，竟然也開出了一片菜園，還種了地瓜和幾株水果，看她好像很軟弱，可是做事又很有毅力和耐力。

陳老師的先生是軍人退下的，所以也住在眷村，剛好隔壁有一戶眷舍的所有人住在嘉義，一直空在那裡，透過陳老師讓我借住，總算解決了住宿的困擾，不過我還是替老師們值夜，直到我離開社團多年後，他們遇到我，還念念不忘我這段情誼，其實兩邊都好，我有一個安靜的地方讀書，而他們也不必來回奔波，置家庭於不顧，誰也不欠誰。

有一個假日，我正在借住的眷舍中讀書，突然聽到陳老師大聲吼叫，有些歇斯底里的大喊：「我說不是就不是，沒有就沒有！」我探頭一看，陳老師的屋外停了一輛吉普車和一輛黑頭車，屋裡有幾個穿深色西裝的人士，還有幾個憲兵。等他們走了之後，我趕快來到陳老師家詢問究竟。

原來陳老師的先生姓蘇，原是早期的黃埔畢業生，他們比國軍慢一些來到台灣，所以經常被調查，懷疑是匪諜。

「什麼東西嘛！我們只是慢一點來，就經常來調查，問東問西，有時三更半夜，他們想來就來，我心中坦蕩，當然把他們罵了回去！」陳老師氣得臉色脹紅。

「我是黃埔七期畢業生，如果不是某些因素，我現在的職位很高呢！」蘇先生也很生氣，但也莫可奈何：「我已退下來了，什麼事都不管了，還不放過我？」

我對他們的處境很同情，可是到底是什麼原因，我也聽不明白，不過，直到幾年前蘇先生以九十高齡過世，還是住在社團新村，陳老師也八十幾歲了，小孩子也成家立業，並未遭到什麼不測，使我放心不少。

朱老師住在大林中學宿舍，假日也常到學校，有時夜裡也會和我住在值班室，我們聊得很多。他說他父親原是白崇禧的手下，退下來在大林中學教國文，原因是對時局失望，不想惹麻煩。

「我爸爸規定我們只准讀科學，不能讀政治和藝術，對政治他是灰心，對藝術，他怕我們餓肚子！」朱老師苦笑著，好像很瞭解他父親。

「你父親怎麼沒有繼續在軍中服務？」我對他們大陸來台人士有些好奇，當然對國共戰爭也不十分瞭解，當時只能跟著喊喊殺朱拔毛，反共必勝，建國必成。

「我也不清楚，我來台灣時只有五、六歲，聽說白將軍失勢了，我父親說再幹下去也沒意思，只好退下來當老師，混口飯吃！」朱老師也一副傻乎乎的樣子，那個年代，父子的距離很大，不像現在，兒子可以隨便呼叫爸爸，問東問西。

「你父親都沒提過他的光榮事蹟？」我再度好奇的問。

「那會，他常悶不吭聲的看書，話很少，對了，有一次他捶了一下桌子，恨恨的罵了許多話，我只聽到有一個犯人的親友夜晚送了一包黃金來給父親，父親狠狠的把他丟了出去！」朱老師看了看我繼續說：「聽說那個人的親友犯了匪諜罪，父親認為應該公事公辦拒絕受賄，我看這是我所知道的父親最引以為傲的事蹟！」

當時我真想去探望朱老師的父親，可惜至今沒有做到，恐怕現在已不在人世了。

第二輯

難忘那些高師的同學

我們那一班

白青俠寄來他的演唱集第二輯的 CD，包括「花心」等十八首歌。仔細聆聽，比第一集更有韻味，更令人喜愛。

「對於一個喜愛歌唱的人，當不成歌星，總要錄下自己的歌聲，讓好友分享。」老白在電話那頭如此說。

的確，認識老白已四十年了，每次同學會、晚會，都少不了老白的歌聲。我曾對老白說:「你何不轉往歌唱界發展？」老白一臉無奈:「有那麼簡單嗎？」原因當然很多，但和許多同學一樣，認為「讀師範院校，職業有保障」是普遍的理由。於是書一教，就這麼數十年過了。

大一第一次晚會，老白就展現了他的音樂天份，歌藝及組織能力。他把會口琴的集合起來訓練成主伴奏，加上一些敲打樂，配上幾位歌聲較好同學的歌唱，組成了「克難樂隊」，居然風靡當年的師院。老白美妙的歌聲，在同學心中種下了深刻的印象。蘇志仁的「白蘭香」更是迷倒了許多女師的小妹妹。

同學多才多藝，還有許多同學的歌聲都可以達到專業水準，例如王麗玉的「家後」，唱來更是婉轉動人，她的感情表達了一個做人妻子數十年後真正心情，感情之深刻，可以說已深入骨髓，和許多歌星不同的是:「能表達歷盡人世滄桑的感受。」「表達」和「表現」之不同，在此有了明顯的分野。

另外，陳水雨的台語「四句聯」功力更是不同凡響。王麗玉兒子結婚，陳水雨受邀上台主持，整個婚禮的程序既流暢又趣味橫生。大家都被他生動、幽默的台語「四句聯」弄得哄堂大笑，忘了喝酒吃菜。

陳水雨對待朋友更是熱情，他住在水里鄉，靠近風櫃斗梅花風景區。每當同學為了賞梅，都要去麻煩他，尤其是遠道的同學，都要住上幾天。他除了招待食宿之外，還充當導遊，什麼「梅王」、「梅后」、「梅花餐」等有關梅花的一切，風櫃斗附近的情形，他都耳熟能詳，同學都有不虛此行之感。

黃隆鑫的歌藝也進步神速。有一次同學在龍潭聚會，黃隆鑫和陳水雨互相飆歌，十分引人入勝。可惜，歌唱設備老舊，無法充分展現他們的歌藝。

說到唱卡拉 OK，林天奇最熱情，買了一棟別墅，設備了上好的音響。許多他的同事、退休教師都常到他的別墅歡聚，他都不會不耐煩，並且準備了許多吃喝的東西，讓所有朋友唱得盡興。

有一次，洪瑞雄兒子結婚，羊頭和阿香，還有王文得當晚住在黃淮英家，第二天到林天奇家附近吃「客家菜」，又到別墅唱歌。羊頭說：「我被高雄的同學盛情感動了！」他唱了首上氣不接下氣的歌之後又說：「回去要好好練唱了，否則怎能和同學飆歌！」

第一屆高師大英語系的同學，感情非常深厚，時常開同學會。每次見面都十分愉快，有聊不完的話。這些鏡頭有熱心的潘棋隆在九十年「虎頭埤之會」時替同學拍了光碟。九十六年四十週年校慶時，阿冬雄也替同學做了光碟。每次放映出來，看著同學的歡樂身影，都會忘我的大笑起來，家人都訝異的問:「你在笑什麼？」「我在笑同學滑稽的樣子呢！」

同學會除了早年常回高雄舉辦之外，八十九年起即常在全省風景名勝舉辦。八十九年就由黎和尚在獅頭山舉辦。和尚規劃得十分仔細，行程安排，路線標記指示都做得很好，遠道的同學不必太費心，就能找到「勸化堂」。

當晚，呂源金的「健康講座」最吸引人。可惜，獅頭山寺廟有「熄燈」規定，只好意猶未盡，回寢室再聊。

九十年由老兵在虎頭埤舉辦，邀請趙慕鶴老師，馮紀澤老師，余光雄老師夫婦，大家都紛紛上台發表這些年來的經驗和心得。馮紀澤老師要大家不要「言老」，心情要年輕，才能健康長壽。言猶在耳，據王漢源說聚會過後不久，馮老師即中風過世，令人不勝懷念。

九十一年在水里舉辦，陳水雨帶大家參觀蛇窯和當地著名藝術家住處、風景名勝，內容十分豐富。最令人難忘的是晚上的宵夜 — 羊肉爐，味道之美，至今還在流口水。

九十二年在龍潭，由邱逢幹主辦。帶大家泡藥草浴，遊石門水庫，到農場做客家「菜包」、「紅龜」，採世界各地形狀迥異的番茄等。同學們都忘了已退休年齡，彷彿回到童年。李淑惠在搥「客家麻糬」時最用力，頻呼「搥給他死！」令人印象深刻。

九十三年在鹿港，由中部同學主辦，蘇志仁、許丁成、李淑惠和盧秀鳳等規劃。吃了最好吃的鹿港點心，參觀田尾公路花園，同學都豎起大姆指說:「讚！」

九十四年在棲蘭山莊，由盧義文主辦。租了一間大卡拉OK，讓同學唱個夠。第二天參觀神木群，導覽的先生滿肚子學問，還有笑話，介紹得生動異常，同學們都說下次還要麻煩他。

九十五年因吳進卿夫婦身體欠安，未舉辦。

九十六年剛好母校四十週年校慶，三系同學聯合舉辦。由蔡國彬、王麗玉、李振益、林天奇、黃旭生、黃淮英等高雄同學舉辦。羊頭寫了一篇花絮，做為「我們那一班」最珍貴的回憶。

回憶的浪潮

望著高師大壯觀的校門、巍峨的校舍，以及燕巢廣大的校區，四十年前一幕幕往事，一一回到眼前。

一九六七年十一月，我從成功嶺受訓回來，便到高雄師院註冊。那時師院剛由女師改制，只招收三系，有國文系、英文系和數學系，共兩百多人。

小小的校門，門前是一大片稻田，兩層樓的建築，對滿腦子充滿幻想的我們，不禁有些失望。但是對站在二樓陽台上女師同學熱烈歡迎的盛況，有些受寵若驚。

註冊完，分配宿舍，竟然是由大教室擺上數十張上下舖鐵床所構成的所謂宿舍。洗澡竟然也是由一間小儲藏室改建而成的「大澡堂」，我所謂的大澡堂就是沒有隔間，可以互相觀摩發育情形的洗澡設備。

男生因為在成功嶺受訓，早已習慣袒裎相見，聽說女生設施也好不到哪兒，且常和女師發生洗澡衝突事件。至於廁所則設在一樓，剛好上面就是二樓浴室，每每漏水，同學戲稱上廁所要撐傘，同時蚊子特別大，同學更是在壁報上畫了一幅漫畫：「一面上廁所，一面打蚊子，上面還撐著傘，甚至掛著蚊帳。」可見當時生活的不便。

管理上更是和一般大學不同，訓導人員由官校找來，有訓導長趙相元，有總教官蔣夢輝，還有魏欽和周世民教官。採嚴格軍事管理，早晚點名，做晨操、土風舞。頭髮留三分短，穿著大學服，還有早晚自習，外出必須請假。

師資也很隨便，一位年紀很大的熊老師，每天提著一架錄音機放帶子給學生聽，一位王神父教些什麼也沒有什麼印象，倒是法國老太婆法文常在耳畔響起「阿冬雄」、「斯瓦送」、「給士古魯」……等。和英語系學生最親近的大概只有助教余光雄和國文老師馮紀澤了。

這樣的情況，壁報又寫了「大學招牌，中學管理，小學師資。」大大的加以諷刺一番。這些一一回到眼前的往事，使我聽不太清楚現任校長戴嘉南的校務報告，只記得校務基金已募了二十億多了，學校前程一片看好。

我環顧四周，看著服務的學弟妹，穿著美觀大方，不覺又陷入深深的回憶中。那時我們規定要留短髮，只有三分長，像高中生，也像剛入伍的新兵，當時省主席黃杰來校巡視時，看見我們一幅入伍生的模樣，還頻頻點頭表示「好！好！」。

有一次總教官蔣夢輝還建議要戴名牌，比較容易辨識，遭到同學強力反對而作罷。抗爭最激烈的要算「熄燈就寢」事件，晚自習到九點，十點就要熄燈，大學生有晚睡的習慣，哪裡睡得著？

周教官就擋在樓梯口，同學就拿起臉盆、牙缸敲敲打打，周教官氣呼呼的衝上二樓，大家又假裝睡覺。等周教官下去，大家又起來敲，如此反覆數十回，把周教官弄得精疲力竭。當時大家年輕好玩，多年後年齡漸大，自己也實際管教學生，才深覺當年簡直「魯莽胡鬧」，聽說周教官為了跟我們「奮戰」，公而忘私，自家小孩發高燒夭亡，都沒有回去送醫，忙壞了周太太，至今同學們都深感愧疚難安。

院長金延生是一個十分拘謹呆板的人，每每看到紙屑，就要同學撿起來。同學也因為反感，有一天早上醒來，竟發現滿校園的紙屑。當時同學心中的不滿和潛意識的反抗，由此可見一斑。

學校距離與市場的「聲都戲院」不遠，假日時分，我們便沿著和平一路，左轉五福一路到聲都看電影。看完電影便買了一段甘蔗，沿著稻田的田壠走回學校。一面走一面啃甘蔗，居然可以把洛夫的詩派上用場，我們高興大喊:「啃著五毛錢的甘蔗，讓木屐的响聲，劃過寂寞的街心，這一條路，我走的好吃力！」一路上嘻鬧回來。

當時由於學校的許多規定、措施不甚合理，引起同學的種種抗爭，有被記過的，有留校察看的，當然也有慘遭退學的，現在回憶起來，都已成過眼雲煙了。

三個貴人

就是 2001 年在虎頭埤的同學會，我才知道趙老師為我「全台奔走」。早在 1999 年 8 月 28 日「聯合副刊」上，我就寫過一篇走過白色恐怖的文章，但當時我還不知道趙老師特地為我回南師找資料。當時這篇文章寄出沒幾天，主編陳義芝就來信表示要用，並說寫得很感人，原文是這樣的：

走過白色恐怖

84 歲高齡參加大學聯考的趙爺爺，轟動了今年的南部考場，我看到他被記者追逐的熟悉身影，不禁想起三十年前教我、陪我走過生命幽谷，度過人生泥濘的趙老師。

如果不是趙老師，我真不知自己現在會身在何處，曾經有媒體報導：『二三十幾年前，有位師大學生，異想天開，寫了一封信要給毛澤東，說二邊都是中國人，何必打仗？被查獲後判感化教育，後來出獄後流浪在八掌溪，撿拾死雞、死鴨，成為一個瘋子……』如果報導屬實，那也可能是我啊！

三十年前，我們是一群以極高成績考上公費的高雄師院的優秀學生，無奈它的前身是高雄女師，剛改制成學院，因陋就簡，我們是第一屆的學生，對學校的設備、管理、師資都十分不滿，時常推派我去建議、爭取，然而有些觀念很難溝通，終於形成無法改善的對立。詩人張健當時就曾以汶津為筆名，在報紙和《大學雜誌》為文痛批高師的管教問題。

不幸的是有位同學因犯了小錯，校方決定要把他退學，我去力爭的結果是留校查看。第二學期選幹部，我們就要選他，讓他將功折罪，不料年輕的導師不肯，我乃向他力爭：「蔣公丟掉大陸，他也有責任，現在都可帶領我們……為什麼不給這位同學一個機會？」不料問題就出在這一句話上，導師就往上報，剛好辦人二業務的人正是趙老師，他馬上去查閱我的資料，連夜坐車到潮州找我的小學老師，得知我並無大惡，只是熱心想幫助同學而已。趙老師告訴當年的院長：「學校是培養青年的，不是陷害青年的……」在他力爭之下，只給我操行「大丙」。我經過這次打擊，十分灰心，趙老師常找我去他宿舍，很多同學都在他那裡吃、住，親如一家人，但他們不知道趙老師正以他無比的愛心、耐心在拯救我，因為我對人生、人性產生懷疑，我想自殺，我覺得我此生已無望……是趙老師從死神的邊緣把我拉回來，是趙老師使我免於成為八掌溪畔的瘋子……

兩年前我們開畢業後三十年同學會，我和趙老師多喝了二杯，幾至大醉，我告訴同學，是趙老師救了我，否則我可能畢不了業，也沒有今天的聚會。同學們聽不懂我在說什麼，他們只說：「老楊醉了！老楊醉了……」（原載聯副 88.2.28）

其實從文章中也可以看出，我知道在白色恐怖時期，批評國家元首的嚴重性，但我知道趙老師跑到南師找資料之後，我又回想到了另外二位南師的老師，一位是導師張老師、一位是訓導主任林萬天先生。他們二位仍然幫了我很大的忙。

回想南師三年，功課容易，沒什麼壓力，看課外書變成主要的功課。當時李敖的文章，柏楊的西窗隨筆深深吸引了我。

如果只有看，問題不大，我把許多心得都寫在週記上，其中有「反攻勿望論」的論調，導師找我深談，訓導主任也約談了我；但都只問我平常花多少錢？買什麼 書？我回答他 都是文藝書籍。導師只叫我「亂世慎言」，就沒再多說，林主任也叫我專心功課，說話小心。重點是他們都沒有記我一筆，否則趙老師 能找到「安全資料的安全證明」？

現在回想起來，我算十分幸運，遇到張老師、林主任、還有趙老師。2007 年高師四十週年校慶，聚餐時 96 歲的趙老師就坐在我旁邊，他告訴我那個年代像我這樣的學生太多了。「許多沒有遇到貴人的學生，下場都很慘。」趙老師悄悄的告訴我。

真的，三個我生命中的貴人，讓我平平安安的走到今天，我能不由衷感謝？（補記：趙慕鶴老師百歲壽誕，由商周出版他的個人傳記，該傳記作者曾就此事向我要求提供資料）。

誰是王國禎？

被迫早早上床睡覺，大家都睡不著，只好和隔壁床的同學聊天。有時，我們愈聊愈起勁，竟忘了要睡覺。王國禎是一個不太多話的同學，我們聊天總是他聽的時候多。但是有一次他竟然主動告訴我，他次日要上法院，因為交了多年的女朋友告他妨害自由。

「怎麼會？」我擔心的坐了起來。

「沒辦法，我太愛她了！」國禎低聲啜泣著。

「別哭了，要學徐志摩，他不是說什麼得之我幸，不得我命嗎？」從那以後，我身邊總放著一本徐志摩全集，國禎心情不好時，就翻開來，找幾段為他朗誦，他說如此可以獲得很大的安慰。

還好，法官仁慈，姑念國禎情痴，並且還在唸書中，不能有汙點，判他無罪。從法院回來，國禎變的更沉默了，我們兩人的睡前聊天，還是我說的多。

日子就在痛苦中過著，合該有事要發生，就在期中考時，國禎由於慢一點把書收起來，竟被認為作弊。按規定考試作弊是要退學的，我是班代，又是國禎的好友，只好到處求情，甚至據理力爭。結果，留校查看，訓導人員說，那已經是最輕的處分了！

學期結束時，班會預選下學期的幹部，我就提名國禎當班代，希望藉服務機會，將功折罪，可以記功補過。

此時，年輕的導師不肯，他說：「犯錯的同學，怎麼可以當幹部？」

「怎麼不可以？蔣公丟掉大陸，還不是在領導我們反攻大陸，怎麼不可以將功折罪？」我為了國禎，竟然脫口而出。

「你要小心，話怎可亂講？王國禎的事不要再說了！」導師匆匆離開教室。

原來導師將我的話當成批評蔣公，報到安全秘書處，並叫院長下令安全秘書往上報，如果安全秘書往上報，在白色恐怖時期，我的下場就是到新竹技藝訓練所去做思想改造。

這些事情，其實我是後來才知道的，當時並沒有人告訴我。我只有在接到成績單時，看到操行「大丙」，感到莫名其妙，我記功又全勤，怎麼會？尚不知道，我差一點就「拜！拜」了。

放完暑假回到學校，我不再熱情了，想到操行「大丙」，還有什麼心思替同學服務？因此在選幹部時我竟然拍桌怒斥提名我當班代的同學，同學紛紛用奇怪的眼神看我，表決時除了一位也是硬脾氣的同學舉手外，沒有任何人舉手，我終於可以安安靜靜，默默的念書了，一年級時那個活力十足、熱情洋溢的羊頭死了。代之而起的是一個自私自利、不知什麼是公益的傢伙。其實，我尚不知我差一點就畢不了業，我只為操行「大丙」不舒服而已。

有一天，我在校園遇到趙慕鶴老師，他對學生很好，但我不知道他辦人二的業務，他要我到他宿舍聊聊。他的宿舍住滿了學生，和學生打成一片。可是我去他宿舍時，一個學生也沒有，靜悄悄的。

「顯榮啊！蔣公年紀那麼大了，要敬老尊賢啊！」趙老師為我倒了一杯茶。

「哦！那時太急於為國禎爭取記功的機會，沒什麼惡意。」我羞愧的說。

「我知道、我知道，有空到潮州去看看林老師。」趙老師沒多說什麼，此時我尚不知道我在鬼門關前走了一遭。

由於我初次到南部，對高雄、屏東不熟，如何去潮州並沒有把握，我聽說女同學中彭玉香有位姑媽在潮州，且常常去探望她姑媽，我就找她一起去。

我們先到潮州中學，找到林三木老師的宿舍。林老師和師母看到我都很高興，且以為彭玉香是我的女朋友，招待我們吃午餐，忙著為我們夾菜。

「趙老師叫我無論如何要來潮州看老師。」我吃完飯，喝了一碗湯說。

「以後說話要小心，亂世慎言啊！」老師只有輕輕點我一下，並沒說太多，但和南部的張性如導師一樣都叫我亂世慎言！我約略知道當年口不擇言提蔣公丟掉大陸，可能真的大逆不道。但，當時，我尚不知嚴重到金院長也一直到趙老師辦公室關切。

直到二〇〇一年，我們高師英語系第一屆同學會在虎頭埤舉辦，趙老師和馮紀澤老師及余光雄老師夫婦到會，我才首度上臺對趙老師表達感謝，但當時仍不知道到底嚴重到什麼程度，趙老師當時對處理我的事，有多用心、多用力。

是在我說完下來時，我上前和趙老師握手，九十幾歲的趙老師才詳細的告訴我當時他如何處理我的「案子」。

原來我「犯案」了？導師報上去的理由竟然是污蔑國家元首，難怪他離開教室時撂下一句「不給一點教訓，你不知利害！」哦！竟然是要將我置之死地的教訓，天啊！這是什麼老師？

趙老師說，他剛一接到「案子」，嚇了一大跳，他知道許多青年學生和我情形相同者不少，下場都很慘。他雖不太認識我，但他深愛著每一個學生，他急急忙忙去翻我的自傳，看到我寫我最敬愛的老師是林三木老師，當時在潮州中學任教，竟然是他的舊識。

「你知道嗎？你多胡塗，你居然筆誤為林三本老師，如果不是我們認識，那結果可能不太一樣。」趙老師老實說：「你知道嗎？我立刻連夜搭車到潮州找林三木老師，他保證你只是熱心助人，並無其他心思，他說：『我太了解這個學生了，他不會有問題的。』」

取得了林三木老師保證的第二天，他立刻到台南師院找資料，學校的記錄也無「思想問題」之類的記載。「我放心了不少，」趙老師喝了一口水。

「你知道嗎？這樣的證明還不夠，還要再多一點安全記錄，我上了成功嶺……」天啊！原來趙老師幾乎為我跑遍了台灣每一個角落。

「你知道嗎？成功嶺的記錄居然寫你粗心，這下子，我可有理由了。一個粗心的人，說話並不會深思熟慮，我可以告訴院長，不用往上報了！」趙老師當然不知道成功嶺為何寫我「粗心」，但我永遠不會忘記。問題仍然出在「蔣公」身上，因為「蔣公」華誕，我們全隊要簽名祝壽，我竟把名字簽到格子外，雖然只有一小畫突出去，但那是大大的不敬，連輔導長立刻叫我到營部再去要一張，要全隊重簽。其實，我太用心，太用力要簽好，卻跑到格子外，結果記錄是「粗心」，並且也救了我。

趙老師說他拿著全部的資料找金院長，爭取了半天，終於我可以留下，但趙老師那年的考績乙等。我聽完抱住趙老師哭了出來。

「不只有你，還有許多學生也是我用乙等的考績救下來的，我只有一個人，沒有那些獎金並不會餓死，而你們是年輕人，前途遠大……」老師也是泛著淚光，他為多少年輕、莽撞的學生，擔待了多少事？

四十週年校慶同學會的餐會上，我又再次上臺感謝趙老師，但話只說了一半，留下許多問號，同學紛紛過來問，我也據實回答了詢問的同學，但這種事還是寫出來公諸於世比較好。

在二〇〇六年（民九十五年），台北部分同學聚會，王國禎也到了，我約略提到他當年的「痛苦」，我唸徐志摩的文章給他聽，他說：「我都忘記了！」啊！能忘記真好！我不希望王國禎回到痛苦的從前，所以我用王國禎代替真正的王國禎的名字。名字只是記號，叫阿貓或叫阿狗，只要知道在叫你，不就可以了？所以，你就不要再研究王國禎是誰了！

想我高師的室友們

「學生最主要的任務就是讀書，住的如何，穿得如何，就不要太計較了！」和尚如此告訴我。

是的，既然來了，就好好唸吧！有許多事情，我們必須忍受。例如餐廳就用竹柵子搭成的，大家戲稱「鴨仔寮」。除了用餐，還可以晚自習，尤其是十點熄燈之後。

新建宿舍雖簡陋，但總比住教室好，而且六個人一間，上面兩邊各睡三人，下面兩邊各有三張書桌、抬燈、比大一時好多了。

同時室友可以自己選；和尚和老白、小鍾、漢源、源金、士錚等人常到馮紀澤老師處的人，同住一間。我則和木盛、宏謀、隆鑫、進卿、崇嘉等一起。有人臭味相投，有人獨來獨往不喜干擾，大家各取所需，倒也相安無事。

教官不再檢查內務，不必摺棉被，甚至有人蚊帳都不收，永遠掛著，每晚鑽進去，白天鑽出來，中午也睡在蚊帳內，因為高師當年蚊子又大又多。

有些寢室有輪值打掃地板，有些則自動自發，誰看髒了受不了誰整理，也有永不整理，人從垃圾一躍而過的。教官想出了一個絕妙法子，開放男生宿舍讓女生參觀。

這下子男生們緊張了，又是拖地打臘，又是換洗床單、被子、噴香水，借來大部頭的書擺在書架上充面子。也有買花瓶插花的，也有買糖果、點心請客的，不一而足。可惜只有一天的功夫，男生寢室又恢復了三多：臭鞋、臭襪、臭衣服多，地板則更不用說了。

知性可以同居，四年之中，同住一室未換室友的寢室不少，我住的寢室就算其中一室。

室友李木盛永遠獨來獨往，我們戲稱他為「神祕客」，英文程度不錯，有事沒事朗誦兩段深奧的英文，也時常梳頭髮自得其樂，可是畢業之後很少參加同學會，我已經快四十年沒有看到他了。

宏謀則有士大夫的遺風，許多事不願為、不屑為，對學生關懷倍至。畢業後進修深造，然後回饋母校高師，至今是少數尚未退休的同學，他上課用心，絕不會像某些菩薩型的教授，低頭猛唸講義，對學生則從頭到尾「目中無人」，視而不見，他不會這樣，學生喜歡他，讓他至今未退是主要原因。

我曾勸他教學之餘寫寫文章，博取一點文名，尤其現在許多學生喜歡名教授，許多學校以專聘名教授為招生號召，他則嗤之以鼻。曾電傳許多文章給我，讓我佩服萬分，早年我到師大暑期研究所進修，許多功課應付不來，他剛好研二，住在附近，我就近麻煩他不少，因此很希望他展現真正功力，但他我行我素，也就不再勉強他了。畢竟鐘鼎山林，各有天性，不可強也。

隆鑫則是鄧麗君的歌迷，吹一手好笛子，我們戲稱他叫「小放牛」。當年在校時，他一吹起笛子，室友們都放下功課，全神聆聽，可惜已近三十年未聞如此幽美的笛聲了。早兩年他還常參加同學會，可惜最近幾次他都缺席，否則他唱卡拉OK也是一絕，可以和老白、王麗玉、陳水雨比美。

進卿本來退休之後，常義務帶退休公教人員出國旅遊，可是近年由於父母年老要照顧，同時也要照顧岳父母，因此夫妻兩人弄得身體毛病百出，嘉義地區的校友常去探望他們，要他們多保重。最近聽說請了外傭，情況改善不少。

宜生從畢業後就一直少見面，2008 年 11 月校友會後，我和彭玉香驅車宜蘭，先到羅東看阿霞，阿霞和阿景開了一家古董兼簡餐的「阿景的店」。裡面有各種古董，佈置十分雅潔，可以研究，也可以休閒，承她們夫婦招待了一份特殊的午餐，至今還口嘴留香。

阿霞因要看店，托我帶兩盒古坑咖啡給阿明，阿景原來住雲林古坑，家裡就產銷古坑咖啡，阿明看到我和玉香到來，十分歡迎，趕快電招宜生前來。

宜生到時，我已認不出來，原來他留了滿臉大鬍子，與當年白面書生的小帥哥判若兩人，據他說買了一塊農地，退休後努力做農夫，不問世事久矣。

阿明兩夫婦退休後買了一輛休旅車，放假日就去載孫子回來同樂，也買了一間溫泉套房在礁溪，一直要我和玉香住下，因沒有留宿計畫，只好婉言推拒說：「下次吧！」

每次想到這些可愛的室友，真希望時光倒流，重回那貧窮刻苦的歲月。（後記：最近「阿景的店」已由羅東遷到台北龍山寺地下街，繼續營業。）

在逆水中泅泳

開始猛K英文了，考上英語系，外人知道了都會說:「恭喜哦！外文系呢！」他那裡知道，我讀起來痛苦無比。光大一英文，每一課都有幾百個生字，別人已讀了好幾篇文章，我還沒查完第一篇。

「怎麼辦？」老劉問我。

「能怎麼辦？加油啊！」我說。老劉和我一樣，是師範生，英文程度不好，是自己最清楚不過的。此時竟有些後悔考前竟然聽信同事朱五明的話。

朱五明和我同一間小學教書，比我早一年到社團國小，嘉師畢業的，所以先我一年考上東吳中文系。他一直來信抱怨:「唸中文系簡直像在建築國學館，什麼甲骨文、聲韻學、訓詁學，苦死了！你是文學創作者，一定要唸外文系。」

聽了朱五明的告誡，只填英語系。對啊！既要學文學創作，怎麼可以不讀世界名著？讀名著與其看翻譯，不如看原著。於是，就這麼誤打誤撞，一頭撞進英語系。

程度不好，怎麼辦？每天一大早起來聽英文教學廣播，當年有趙麗蓮博士的「學生英語文摘」，還有「標竿英語」，更有其他「美國之音」的廣播，反正就是要訓練聽力，廢寢忘食，發誓一定要學好，否則如何面對「江東父老」── 當年社團國小的同事？那時心想：我總不能再退回去教小學啊！

為了培養閱讀能力，找來了世界名著簡寫本，什麼「簡愛」、「小婦人」、「小人國遊記」……買了幾十本，發憤猛讀，後來自己在高中教書，學生也使用這種簡寫本培養閱讀能力，大概只有國中課文的程度，回想自己當時已是大學英語系的學生，程度竟然如此，到現在還在羞愧。

老劉比我更用功，教室座位椅子，都被他坐得變了顏色，原來是土棕色，他的位子竟然較白，顯然顏色被他坐掉了。但是，一年後，老劉還是以英語系前三名的成績轉到國文系，是唯一由英語系轉到國文系的學生。至於國文系轉到英語系的，則有三位，可見當時大家還是一窩蜂的喜歡唸外文系。

為了奮力通過難關，有人猛背常用字典，有人讀完一課書就用自己原來的英文能力再寫一遍，以訓練寫作能力。而我讀完都有困難，別說能用英文寫作了。

讀小說時，我去找中文譯本對照著讀，否則一本小說要讀多久才讀完？那時如《織工馬南傳》還可找到翻譯本，但像米勒的《一個推銷員之死》，當時市面還沒有中文本，怎麼辦？

到處打聽，終於由王漢源的哥哥在政工幹校寄來一本簡單的譯本，我們如獲至寶。

為了快讀小說，張士錚在台南某書店找到三巨冊「世界傑作精選摘要」，大家紛紛前往購買，該三冊的確幫助不少，先讀完大要，再讀小說原本，比較容易抓到重點。

至於英詩，當然到處找翻譯本啦，整冊的找不到，就從名詩人的詩論中去找，偶而找到一首他們所引用的英詩中譯，剛好是夏安民教授所選用的教本中有這一首，則喜出望外。

讀了一學年英詩下來，我的英詩教本竟成了厚厚一巨冊中英對照的詩選，有一位學弟不知那裡打聽到這個消息，找我借用該書，當然，我很樂意借他使用，可是，我至今不認為這種方法是正確的。但當時為了通過「考試」，被迫如此，情非得已。

其實，讀英詩應該和讀中文詩一樣，必須能進入那一首詩的情境中，如果讀翻譯，就如同讀古詩的白話本，不但文字、音韻都不對了，感覺也不對了。因此，我不喜歡轉系，堅持要讀英語系，想直接由原文讀文學作品，乃一大原因。

然而，由於英文程度不好，讀得十分吃力，本來具有的創作能力，竟然放到倉庫中去了。而停止寫作的結果是和一般人一樣，從未想到要動筆。犧牲了寫作能力，竟然是自不量力讀外文系的結果，實在始料未及！

再提筆已是十年後的事了，那還是巧遇「風燈詩社」的高師同學，一起辦詩刊的結果。那段日子短短只有三、四年，但一起遊名勝古蹟，一起在風景區的飯店中天南地北閒聊，卻是我至今認為最難忘的時光，這一段美好的時光，已隨風燈停刊，好友星散而消逝，想來十分悵惘。

成就就要苦來磨

報完到，註完冊，便開始上課了。

然而，同學並沒有一般大學生的興奮。為什麼？你看那校園，一丁點大，教室只有幾間二樓房子。樓上做寢室，樓下做教室，對面是女生宿舍叫蘭苑，中間隔著一片草地。正面是辦公大樓，名叫大樓，也只有兩層。英語系辦公室祇有兩三坪，經常只有余光雄助教在。同學們心情不好時就在教室後面唱「苦酒滿杯」。

「苦酒滿杯」是由歌星謝雷唱紅的。「人說酒能消人愁，為什麼飲盡美酒還是不解愁……讓他去，沈醉吧，我還是再斟上，苦酒滿杯。」大意是這樣。每天坐在教室後面體操平衡木上唱「苦酒滿杯」，一唱再唱，每節下課都唱，好像稍稍可以減輕內心的痛苦。

日子在痛苦中過著，同學們除了唱「苦酒滿杯」解悶外，還自辦一些活動解悶。例如大家相約一大清早四、五點鐘，晨遊大貝湖。此時大貝湖尚未開門收費，我們便由鳥松鄉那邊的後門騎車進去，既不必門票，也少有行人，空氣更是絕對新鮮。

直到天亮才從大貝湖出來，到附近的景點郊遊，也算苦中作樂。

最讓同學感興趣的是「大津露營活動」，幾個熱心的同學，有的聯絡軍車，有的借帳篷、採買食物等等，幹得有聲有色。最讓人難忘的是露營晚上的夜遊活動，同學們分成兩隊，一隊先出發，另一對隨後再去找。由於晚上很暗，路又小又難走，尤其又有吊橋，每一位男生都細心的照顧一位女生。

現在想起來我的確調皮，我走在最前面，照顧著阿香，有一支手電筒，遇到吊橋破洞就要大喊：「小心了，有破洞！」此時，女同學膽小，都緊緊的抓住男生的手。我覺得有機可乘，往往看到一個小洞就大喊：「小心了，有很大的破洞。」反正天那麼暗，誰也看不清楚，只記得女生都緊緊的抓住男生的手，模樣十分親熱。

後來想想，同系的同學結婚的有七對之多，這應該是原因之一，真的，國內外大學大概這麼多同學結婚的也不多見。當然校園小，又十分封閉，沒有校際聯誼也是原因。因此和數學系、國文系以及女師結婚的，也有六位之多。每次同學會，夫婦同時參加，都是老同學，份外親切。

尤其楊榕鸞雖然出身國文系，但每次都以英文系的媳婦自居，又是切水果，又是佈置會場，忙得不可開交。本來我們同學都以為她和和尚是在學校時就互相看對眼，但據和尚四十週年校慶時，在呂源金家坦白，他們的姻緣還是一位學弟居中牽線的。

和尚真絕，成為男女朋友之前，他寫了十道題目要楊榕鸞作答。和尚說：「大家猜猜看結果如何？嘿！竟然顯示我們個性十分適合。」大家都十分讚嘆和尚和楊榕鸞實在是絕配，每次都為同學會帶來無限歡樂。

在校生活雖然苦悶，但有幾位師長都很體諒學生的心境，十分關照學生的生活、心理變化，也適時給了很多安慰。尤其馮紀澤老師家，任由學生來去自如，且常訂一些比較有人生哲理的題目和尋找人生方向的探討問題，供同學參考，同學也獲益最多。

趙慕鶴老師家也一樣，學生自由進出，來去自如，寒暑假沒回家的學生，也住在趙老師家，床不夠，打地舖，真佩服趙老師的寬容以及不怕吵。

二年級時來了一位不錯的老師叫張本民，他當導師，十分關心學生，也很有計畫，想籌備一些活動，讓同學們參與，後來大概和學校的行政人員理念不同，不但活動不了了之，一年以後人也走了。

回想起來，當年的師資、設備的確不好，但同學們都能苦中作樂，努力向學。第一屆同學中，鍾蔚文幹到政大研究所所長。王漢源幹到人力發展中心的主任，賴文吉幹到局長、主秘，還有許多人幹到高、國中校長、教授的，成就並未因而減少，也許還要感謝當年環境的磨練之功呢！塞翁失馬，焉知非福。

一首想像空間極大的詩

「今天晚上圖書館閱覽室有江聰平老師的新詩欣賞演講會，請大家踴躍參加聆聽！」幾位國文系的同學，一面貼海報，一面敲鑼打鼓的大聲宣傳。

啊！那是大一上學期的某一天，同學還在失望的痛苦中，無法自拔，忽然有這麼一場比較像大學生的活動，怎麼能不呼朋引伴，前往共襄盛舉？

果然，來參加的同學，超乎尋常的多，圖書館閱覽室容納不下，只好移師外面中庭，有的席地而坐。江老師就在一個臨時放置的大黑板前侃侃而談。

大一新生，對什麼是現代詩或說是新詩，一點印象也沒有，聽來十分新鮮，卻也一知半解。印象最深刻的是有幾位對新詩稍有涉獵的同學，竟把「夐虹」讀成「ㄑㄧㄥ（陽聲）虹」，把「覃子豪」讀成「ㄊㄢ（陽聲）子豪」直到老師糾正，才知道讀錯了，應讀成「ㄒㄩㄥ（去聲）」和「ㄒㄩㄣ（陽聲）」。覃在關隴地方為「ㄊㄢ（陽聲）」，但嶺南蜀中為「ㄒㄩㄣ（陽聲）」，覃子豪是四川人，應念「ㄒㄩㄣ（陽聲）」。我也這一次才知道，以後在文壇行走，唸錯的人仍然很多。

那天演講會後，對學校有懂新詩的老師，十分興奮，便冒冒失失的在一個星期天的早晨，跑去敲江老師的宿舍大門。因為那時新詩還在論戰階段，許多國文系的老教授非常反對新詩。

敲了半天，才見江老師一臉倦容出來開門，原來老師有晚上研究閱讀的習慣，星期例假，往往不到中午不起來，這下子我真是尷尬極了。

「沒關係，進來，進來。」江老師看我有些猶豫，便招呼我進屋內坐，這是我第一次帶著詩稿前去找江老師請益。我和江老師的緣份是直到十幾年後，我在北港參加楊子澗發起的風燈詩社，才再續緣的。

原來高師在我畢業多年後，課外活動的社團中有「風燈詩社」，由江聰平老師擔任指導。這個詩社的部份同學寫詩有成，在校外又成立了一個「風燈詩社」並出版《風燈詩頁》雙月刊。

我在校外的風燈聚會中，多次與江老師同遊烏山頭、溪頭、宜蘭梅花湖、虎頭埤等風景名勝。每次都合租一個大房間閒聊，聊累了各自回房睡覺，但往往聊到天亮。

江老師話不多，常傾聽同學的聊天與辯論，最令人難忘的是，他的手中往往挾著一支已熄了的煙。他點煙後，往往只抽一兩口，就讓煙挾在食指與中指之間自燃，有時不久就熄了，有時有一截長長的煙灰，在未掉將掉間，形成特殊的景觀。

江老師在詩壇算出道甚早的，與余光中、洛夫等人熟識，風燈朋友與余光中、洛夫餐敘或邀請他們到風景名勝同遊，多半是他牽的線。尤其余光中與洛夫在天狼星詩論戰之後，心中難免有介蒂，江師居然能把他們兩人聚在一起吃飯，至今都覺得他神通廣大，不可思議。

由於江師的關係，洛夫和他的夫人瓊芳女士也到過北港楊子澗家，與風燈詩友，共同渡過熱鬧的媽祖誕辰，欣賞花燈及藝閣遊行。那時大家都很興奮，直聊到天亮，洛夫夫婦才搭早班車回台北。

像這樣的瀟灑瘋狂整夜，沒有睡的情形，還發生在梅花湖的露營活動之夜，當天風燈詩友雖早已搭好帳蓬，但那一天太興奮了，有整晚聊天的，有下湖踩水鴨子遊湖的，年輕冒失，現在回想起來，對老師們實在「有夠不懂禮貌。」

江老師和風燈的學生在一起，從來不會擺出「我是老師」的架子，往往和學生平起平坐，學生們爭先恐後的發言，為某些理念爭得面紅耳赤，只有江老師靜靜的坐在一旁冷眼旁觀，絕不插嘴，表示意見。

我剛參加風燈詩社時，寫一首歌頌阿里山神木的詩，筆名用江天，出刊時，江老師悄悄告訴我：「江天是我以前用過的筆名。」一點也沒有責怪的意思。

那時我老覺得我的筆名不好，早想換筆名，東找西找，都不中意，直到讀到一首古詩：「江天一色無纖塵，皎皎空中孤月輪；江邊何人初見月，江月何年初照人。」對「江天」兩字十分欣賞，取為筆名，竟冒犯了老師，十分湊巧，然而老師也只「悄悄告訴我」一聲而已。

與江師結緣算來已超過四十年，對他瘦削的外表，沉默的神情，以及一支永遠點著不抽的煙，感覺老師就像一首想像空間極大的詩。

再見，昨日

操行「大丙」確實深深打擊了我。

我真的不懂，為什麼熱心服務，卻換來如此悲慘的結局？整個人陷入了不安、徬徨之中。

每天每天，整個人都顯得很憂慮，很鬱卒，走路垂頭喪氣，書看不下。有時又很焦躁，這邊走走，那邊恍恍。如果說那時的我是行屍走肉，是最好的描述。

「羊頭，不要再沉迷在茫茫大海中，沒有方向了！」和尚從身邊而過，我都沒察覺，只有頭低低的看著地面，坐在一張樹下的石椅上深思。

「哦！是你，和尚！」我搖頭苦笑了一下。

和尚是班上少數吃素的同學，剛開始並沒有吃全素，但盡量吃蔬菜，俗稱「桌邊素」。他看了不少佛經、佛書之類的書，也懂得一些神佛之類的事，我們都稱他「和尚」，而不叫他的俗名。

大一時曾到大津瀑布露營，有位女同學在水邊跌了一跤，嚇得面如土色，此時和尚盛來一碗米，一碗水，點上清香三支，嘴裡唸唸有詞，竟替同學收起驚來。

說也奇怪，那位女同學面色漸紅潤，喝了兩口水，和尚用手沾碗中的水，在女同學額頭，背部，輕拍了兩三下說:「OK

了！大小鬼、冤魂都跑光光了！」

兩三天的露營活動，那位女同學都平安無事，我第一次見識到和尚的「功力」。

但是，此次心情亂糟糟的我，是心病，心中有魔，我不相信和尚能驅走我的心魔，我說:「你不懂！」仍然低頭看著地面，不理和尚。

「什麼我不懂？我懂得才多呢？你還不是自怨自艾，認為好心沒好報！對吧！」和尚坐到我旁邊來。

「當然囉！熱心替人服務，落得操行大丙，這是什麼樣的學校，什麼樣的天理？」我說得咬牙切齒。

「這就是你的不對啦！做好事誰說馬上得好報？歷史上多少忠臣義士，悲哀收場，但留得後世人們的景仰尊崇，比沒沒無聞，與草木同朽的人相比，算是福報吧！」和尚對我的想法不以為然。

「那我是活該如此？」我仍然不明白。

「也不是！你就照你的個性，人生觀，繼續為人群服務，久了自然會有人瞭解。」

「看來我要先冷靜一段時間，暫時先專心功課，其他事情以後再說，何況同學經過一年，已經不是高中時的稚嫩，都已可以做各種幹部，可以服務同學了。同時我的英文程度不好，是該全心全力投入功課了！」我心情稍稍平靜，對世事不再抱著仇恨的態度。

「也好，我看你一直惦記著英文不好，也想說說你，你只要每天不斷的多看、多聽、多說、多寫，心中忘了英文程度不好這件事，過一段時間，你的英文在不知不覺中，會好了起來，相信我。」和尚面露誠懇的神情。

「真的？」我仍然懷疑。

「當然是真的，我看出你骨子裡有一股傲氣，不服輸的個性。」和尚兩眼直視著我。

說我骨子裡有傲氣的人，不只有和尚，還有社團的朱五明，當年社團同事中，幾乎沒有人認為我可以考上大學，大家都認為師範生英文、數學差，其他四科再強也只有三百多分，連私立學校都上不了，只有朱五明力排眾議，他們正在熱烈討論的時候，我在辦公室外的走廊聽得一清二楚，但我沒有進去，我不好意思拆穿同事背後議論的真相。

但是，這件議論事件，對我太重要了，我立刻到嘉義的道成、中興兩個補習班補英文、數學。每天下課後到大林火車站搭四點五十分的火車到嘉義，補完習坐十一點的火車，從嘉義回大林，往往到社團時已是過了午夜十二時。每當遇到下雨，尤其是冬天晚上的冷雨，我咬緊牙關，一定要考上的發誓神情，常常回到眼前。

「是呀！我一定可以克服，何況許多同事、同學都面露懷疑的眼光，當面問我，要不要轉系？」我忘了操行大丙的傷心事，回到英文不好的切身問題來。

「當然不用轉系，羊頭精神豈會向困難低頭？」和尚告訴我到教會查經，借閱古典名著的英譯本如紅樓、三國、水滸傳等，可以增強英文能力。我們終於攜手向灰濛濛的往事說再見，我們一起奮力的奔向光明的前方。

灰濛濛的日子

整天都昏昏沉沉的，天空是灰色的，陽光是暗淡的，心中老想著操行大丙，趙老師的話以及林老師的話，時時在耳邊響起:「亂世慎言！」啊！當年南師的張老師，不也如此說嗎？

「顯榮啊！走路怎麼老看著地上？」趙老師走到我面前，竟然沒有發覺。

「啊！老師，對不起，心情不好，沒有看到您！」心中亂糟糟，怎麼會注意到從身邊走過的是誰？

「到我辦公室聊聊吧！」趙老師喜歡跟學生親近。

「好吧！」我們一起走進趙老師的辦公室，只有兩、三坪大，一張辦公桌，兩張椅子，一個資料櫃，陳設很簡單。

「年輕人心情要開朗，要進取，怎麼像個小老頭，走路看地面，想撿新台幣啊！」趙老師一面倒水給我，一面說，想沖淡我心中的不滿和哀怨。

「我真的不懂我到底那裡錯了！」終於，我把心中最主要的癥結說了出來。

「這不是什麼對不對，錯不錯的問題，時代就是這個樣子的時代。我告訴你，你不要說出去，柏楊不是你最欣賞的西窗隨筆作者嗎？三月份剛剛被抓走了，因為他在中華日報翻譯『大力水手』，出問題了！」趙老師搖搖頭，嘆了一口氣。

「真的？這事我一點也不知道，我很欣賞他的『異域』，這本小說寫的太棒了！我也是聽人家說郭衣洞就是柏楊，才再三反覆讀這本小說！」談到此，我突然興奮了起來。

「看吧！你的精神來了！以後你要談到我這裡來談，跟別人可千萬不要說這些話哦！」趙老師再三交代。

也難怪，他辦人二業務，竟然跟學生談柏楊，尤其在我表達了對『異域』一書的欣賞，以及對書中一些將領的不齒後，他都沒有糾正我，甚至表示了欣賞，認同我的看法，頻頻點頭，執筆的此刻，已是二〇〇八年十分自由，什麼都可以談的年代，我才更體會趙老師當年的「大膽」。

這種看法在退休前，我也曾有過，大概是一九八七年吧！我服務學校的校長要榮調他校，臨走前特別私下告訴我：「和某祕書說話要小心，不要什麼話都說！」當時我楞了一下，但馬上體會過來。握著臨別校長的手，再三道謝。

原來某祕書在當安全祕書之前，喜歡寫詩，和我互相唱和，時常到家裡來泡茶，直到當上安全祕書還是常來舍下，我們由於有十幾年交情，說話還是一樣「靠俗」(台語：沒什麼距離，不分彼此之意)，那裡知道某祕書也會「出賣我」，校長臨別贈言，真是「深獲我心」。當然，從此我就疏遠某祕書了，直到政府裁撤「人二業務」，我還是和此人只有「點頭之交」，不再說「心中話」。

現在回想起當年趙老師，除了大膽以外，應該深諳觀察人相，知道我不會說出去。否則如果被我出賣，後果不堪設想。

「你遇到的事情，算小案，沒事就好，不要對人提起。」

趙老師還是一再交代我不要對任何人提起。

「哦！老師！玻璃墊下這張照片是誰？真美！」我們熟悉起來之後，我眼睛就東飄飄西看看了。

「啊！那是我的女朋友，當年逃難時沒能一起逃出來，她叫我要等她，她隨後就到，這一等都快二十年啦！」趙老師苦笑著。

這是什麼樣的悲劇？二十年，在等一個完全沒有希望的再見？太淒美了！

也由於趙老師這樣的人生際遇，使我想到自己的不幸，這種不幸又算什麼？怎麼比？我終於比較釋懷，但難免心中仍有疙瘩。

「我知道你心中仍然懷疑，我不說不滿，希望你把心中的懷疑慢慢除去。你要知道，你們導師才剛研究所畢業，年齡和你差不多，沒有經過什麼挫折，更不要說像我們遭逢親人生死永別之痛，你要諒解他，只有原諒別人，你自己才會從痛苦中脫困。」趙老師告訴我很多人生至理格言，但都不是書中看來的，都是他親自遭逢亂世際遇的體會。

「我慢慢做看看，謝謝老師。哦！牆上的鳥獸字是誰寫的？」我忽然瞥見牆上掛著一幅書法。

「我的習作啦！以後寫好了再送你！」老師淡淡的說。

由於我不好意思向老師索字，也由於機緣未到，至今仍沒有福氣擁有趙老師的墨寶。（2011 年趙老師高齡百歲，他終於寫了一幅鳥蟲體的三國演義卷頭詞給我，十分珍貴。）

如煙往事罩心頭

在我寫回憶懷舊的文章時，總會找出昔日流行的台語歌或者輕音樂來聽，因為它們有助於我迅速進入時光隧道。回憶高師這一段，我就把謝雷的「苦酒滿杯」不斷的反覆播放，於是，那段時間的苦澀，一一回到眼前。

那樣的青春期，因為家貧必須讀公費學校，誤填誤進，撞進了剛成立的學校，設備是原來女師舊有的設備，師資則是隨便湊和湊和，一個學校有女師，也有師院的學生，真可以說一國兩制。

早上六點半要早點名，做體操，跳土風舞。做體操還好，跳土風舞則男生和男生跳，女生和女生跳，那是什麼樣的一所大學？多保守的心態。

不要說年輕人對愛情有憧憬、幻想，即使上了年紀的中老年人，有時也會渴望異性的滋潤。於是，晚自修時，有人到女生班（那時我們男女分班，真是不可思議），找女同學到走廊聊天，我則利用假日找心儀的女生到「藝園」冰果室喝咖啡。

那時英文系有一位女生，聰明乖巧，文文靜靜的，有許多人喜歡，表明得太直接的，只有碰壁一途。我有位同鄉很喜歡她，不敢表示，只有以大哥哥身份，每次回鄉、來校，都扮演護花使者。

我因未與她住同一地點，只能利用未回鄉的假日，找她出來聊天，我藉故有許多好書要借她看。我教了三年書，尤其愛看課外讀物，不論見識與藏書，都自認為比她多，比她豐富。

同時那段時間，趙老師一再交代「亂世慎言」，尤其不可將那段奇遇告訴任何人，心中的痛苦可想而知。於是，渴望愛情的滋潤便成了當時唯一的出口，我們怕師長奇怪的眼光，也怕同學的閒言閒語，躲在「藝園」是最安全的地方。

在聊天中，我感覺那位女生很乖，十分保守，因此我偷偷的命名為小乖，當然沒有告訴她。小乖是一個有靈氣的女孩，每次我在「藝園」等她，總感覺到有一位仙女會穿著潔白的衣服，從藍色的天空飄下來，然後走過綠色的草地，走過開滿白色花朵的木瓜樹，走過楊桃低掛的楊桃樹下，翩翩的向我走來。

這如果在北部大學，一定會一起上圖書館，一起坐在青草地上，綠蔭樹下聊天，互相傳遞著愛的小詩，唱著愛之歌，或者辯論一些問題，如時事、如思想的差異，但我們沒有，我只拿一些書給她，如《傳統下的獨白》、《胡適日記》、《滄波文選》，我們只聊一些日常生活，不敢聊感觸，當然愛情的進度等於零。

幾十年後，我回想這段感情沒有結果，可能問題出在「門當戶對」上。我和那位護花使者，兩人均出身農家，而小乖卻是公教人員的小康之家，當時父母反對是必然的，雖然我們沒有談論到婚嫁，但暑假中我寄書給小乖竟遭退回，可能是最清楚的說明：不必等開花結果，反正不適合，早早拆散，免得後患無窮。

這種情況在我大二時和星子交往時，她父母同時跑到學校，要我們專心課業，感情事畢業再談如出一轍。年歲漸長，也做了父母，當然可以體會「父母苦心」。但可能的一段美好姻緣，卻斷送了。

那位護花使者其實比我慘，後來自動變成義兄，娶了一位小學老師，四年護花精神，令我十分感動。近幾年同學的小孩紛紛結婚，我都開車載星子、護花使者和小乖一同南下高雄喝喜酒，彼此都不再提往事。喝完喜酒，一起接受陳水雨的邀請到水里唱卡拉 OK，欣賞風櫃斗的梅花。

小乖有個醫生兒子也在台中，電話請他到水里相會，護花使者猛買水里名產送給他，即使他一再說：「舅舅，不用買那麼多」，護花使者還是不停的買，也買了當地名產冰棒，用寶麗龍裝箱給他帶回台中。星子見狀悄悄告訴我：「愛屋及烏」，我們相視會心一笑。

護花使者對小乖的感情，實在只有小說中才會有的情況，但我一一看在眼裡，除了佩服外，也決心幫他完成心願。因為護花使者近幾年身體微恙，不適合遠行，但一聽說小乖的兒子要結婚，竟主動打電話給我，要坐我車子前往，為了怕他累壞了，總是提早一天去載他回中部的家，我也回雲林北港，第二天再開車載他前往，看他參加昔日情人的兒子結婚，眼中閃著一種很奇怪的興奮光芒，也就不會再想到從中和開車，在擁擠的台北市塞了一、兩個鐘頭才能載護花使者南下，那種辛苦已在他的安慰神情中忘得一乾二淨了。

當年追小乖追得太急了，一定在寄書時附帶說了不妥的信才會被退回。記得那年護花使者還一再替小乖向我道歉，並說他會請小乖當面向我道歉，但我不接受，當時在氣頭上竟向護花使者說:「要道欺嗎？請她在英語系同學面前公開道歉！」現在想想，這是什麼話？簡直毫不講道理，這是私事，憑什麼公開道歉？當然就不了了之，直到畢業都沒再跟小乖說一句話。現在年過半百，有幾位已活了超過一甲子歲月，往事如煙，想想也實在幼稚得可愛。

難怪長腿美人的先生古意人會說:「一切都是緣份，誰要跟誰吃飯，好像前世註定的。」古意人告訴我們，他和我們一樣，十分欣賞長腿美人，也是一樣「愛在心裡口難開」，直到有一次長腿美人車禍住院，古意人就買了一束鮮花，小心翼翼的前去探病，而且住院期間，早、晚風雨無阻，終於贏得長腿美人的媽媽欣賞，主動告訴長腿美人:「這年輕人不錯，可以信賴終身」。

年紀大了，記憶力欠佳，如果回憶這些陳年舊事，有什麼出入，請來電告知，以便出書時更正，為了怕某些事不妥，並未直呼當事人的名字，有些以綽號代之，有些是我自己命的名字代替，反正往事如煙，一切都已過去了，不論成功或失敗，我們都努力過了，寫出來做為茶餘飯後聊天回憶。如此而已。

那幾年永生難忘

學校剛由女師改制成師院，一切都沒有改變，女師上女師的課，師院上師院的課，他們有她們的訓導主任，我們有我們的訓導長。

原來的女師宿舍進住了一部份師院的女同學，師院的男同學則住在右邊教室的二樓上，一樓做教室，二樓做寢室，每一個人只有一個床位，皮箱內裝所有衣物，放在床下，以前唸南師，還有一個置物櫃，這裡完全沒有。

心情不好，就站在二樓走廊上看著蘭苑前的草坪以及楊柳樹，偶爾也看看教室前那幾棵椰子樹疏朗的身影，它們那樣修長和挺直，實在美極了，矮個子的我，多麼盼望能像椰子樹一樣，有著迷人的身材，可惜已過了成長期，只好認了。

高雄是一個炎熱的城市，每次體育課都讓我們吃足苦頭，把臉晒得發紅發痛，雖然青年人愛奔愛跳，但是光在操場上打鬧、玩球，不能滿足我們內心的渴望，我們建議董錦地老師讓我們到旗津海水浴場上課，於是我的記憶中，儘是無盡的陽光，一片灰色長長的沙灘，一波又一波的白浪，然後就是我們和一群群戲水喧鬧的人們。此時我們早已忘了學校沒有游泳池，沒有活動中心的缺憾。

充滿青春幻想的年輕人，總難免互相欣賞，多說兩句；

師院學生間男女交往還好，女師就不能那麼自由了，只要女師的同學多跟師院的男生說幾句話，馬上被叫到訓導處，石德蓋主任絕不會給妳好臉色看。但上面有政策，下面就會有對策，偷渡成功的就不在少數，英文系的呂源金和女師的葉水蓉就是令人羨慕的一對。

學生自辦伙食，由一位訓導人員，每天一大早帶兩位同學到鳳山採買，我們稱這位先生為老師。老師每次都帶我們到相同的攤子購買，他說熟人好說話，不會騙我們，我看到辛苦的菜農，自己拉著三輪車擺在市場外，一小束一小束的菜綁好好的，新鮮而翠綠，我說：「老師，這一車菜不錯，我們是否買一些回去？」

「不行，他們不固定來賣，出了事情找不到人負責。」說的也是，但每次向相同的人購買，有沒有回扣問題？反正大家就這樣買了回來，也一天一天的餵飽了每一位同學，相安無事，直到畢業。

其實以那時的伙食費，吃飽已很勉強，若要吃得好，簡直是痴人說夢。因此每逢吃飯時間，總會看到許多同學在兩個大湯桶中撈，有撈到排骨的，當然肉很少，大部份都是骨頭，有撈到肉屑的，旁人紛紛拍手叫好，戲稱他是海洋學院漁撈科的，苦中作樂，日子也一天一天過了。

由於男生的食量大，女生開始抗議，男女分開辦伙食，女生還是在思源廳用餐，男生只好另建一座竹子搭成的臨時餐廳。據女同學說，他們每個月米剩很多，可以把米賣了買肉、買菜，而男生則更苦了，平常不夠吃，只好猛灌湯，往往喝了好幾碗，把肚子撐飽。打菜的工友也只打給每人一點點，還好，廚房每天都備有辣椒炒蘿蔔，俗稱菜脯，台語說：「菜脯根仔罔咬鹹」，意思是隨便將就將就，勉強能吃飽，真是苦啊！

也許還有些人正在成長，或是打球等運動消耗過量，許多人都在晚上到臭市場吃麵，所謂臭市場因白天攤販髒而得名，但不乾不淨，吃了沒病。我們就這樣吃到畢業，不但學生吃，師長也照樣去吃。有一次我和一位女同學前去吃麵，遇到馮紀澤老師夫婦也在吃麵，竟由他們付帳請客，到現在還在感謝呢！

學校中當然也有福利社，但賣水果樣式不多，同學們大都吃一盤蕃茄就走了，如果要多聊天、談心，就要到校外和平一路和五福一路交界路口的「藝園」，那裡有多種飲料，和不同種類的水果，並且庭園中有許多盆景，和幾棵果樹，我記得有楊桃和木瓜，楊桃開小朵的暗紅略近紫色的花朵，並不出色，反而是開白花的木瓜，在夏日裡伸出巨大的手掌，遮住部份的艷陽，陽光從楊桃、木瓜樹逢灑下，一點一點的亮光，當時因和一位心儀的女同學在聊天，竟也份外漂亮起來。

不知是沒有緣份，還是自己太過膚淺，竟得不到這位女同學的青睞，第一年暑假，從舅舅家中寄出一些自認為很有水準的書要叫她看，竟被退了回來，一廂情願的愛戀，終於煙消雲散。後來同學會為了避免尷尬，彼此都不提此事。

那個暑假，在舅舅家中替表妹補習功課，她看到我的信和書被退了回來，狠狠的消遣了我一頓，後來我交到一位女朋友，聯考時未前去陪考，換她很久都不理我，真是呆頭鵝，我竟不知道表妹喜歡我。本來表兄妹不可結婚，但那是很遠很遠的遠親，應該沒有關係，我又錯過了一份的姻緣。不過弱水三千，我只能取一瓢飲，我在以前的文章中也交代過，我的女朋友，後來的太太也不錯，對我的照顧幫助頗多。

現在回想起來，當時生活上十分的痛苦，如果能有一位知心異性朋友，也可以稍稍減輕痛苦，本來有一位女師三年級的同學和我頗聊得來，我們也儘量避開訓導人員的眼睛，找時間相聚，可是在她畢業前，她竟在我面前哭了起來，她說她很喜歡一位國文系的男生，可惜那位男生表明他喜歡的女孩不是她那類型的，她痛苦死了！我一時楞住了，原來和我聊了幾個月的她，喜歡的竟是別人。後來她畢業了，分發到那裡，是否嫁給她喜歡的人，我一概不知，不過，現在我仍然是祝福她的，無緣何必強求在一起。

另外一位我心儀的對象是英語系的女同學，由於人長得漂亮，能力又好，身材也比我高，只好自卑的躲在旁邊，不敢表示。後來她嫁給同屆的男生，過著幸福快樂的日子。我們許多心儀不敢表白的男生，每次同學會都半調侃開玩笑，半說出真心話。這位女同學也很風趣:「又在蓋了。」一句蓋，化解了無限困窘。她的先生也打圓場:「這輩子要跟誰吃飯，早就有定數了！」是的，英語系中有七、八對前世就註定要在一起吃飯的，國文系和英文系，英文系和數學系，都有人相偕前來，開校友會呢！

逢佳節憶恩師

馮紀澤老師教大一國文，卻常不按牌理出牌，未按課表操課，自己訂一個題目演講了起來。當時由於校規與所有大學都大大的不同，生活又十分苦悶，老師的演講竟然大受歡迎。

大約四十歲左右的馮老師，一副文質彬彬的樣子，高高的個子，背有些駝，台灣話叫「蘇腰」，因他個子高，習慣矮一些和人說話，久而久之，竟成了稍為駝背。

他訂的題目大概都是人生的方向，做學問的方法，如何在困境中站立起來……等鼓勵性的話題，因此學生都很喜歡他，以他為偶像，且常到他的宿舍，窩在那邊看書閒聊，接受他的啟發。最常去馮老師那裡的有和尚、老白、士錚、漢源還有蔚文。

我因不屬於他們這一群，常利用上課時間，遇到不喜歡的課就溜到馮老師家，若遇到他沒課，則大吐心事苦水。老師家是低矮平房宿舍，宿舍區的小徑兩旁種了低矮的七里香，還有一些不知名的矮灌木。我第一次是戰戰兢兢在屋外樹下站了許久不敢敲門，直到老師因事出來才問我什麼事，我因內心害怕吶吶不敢說話。

老師也不再多問就叫我進去，坐在小客廳，兩手平放大腿上，一副正襟危坐的樣子。老師為我倒了一杯開水，兩眼直視著我良久才說:「你一定有心事！」我把學校的不合理，訓導人員、教官的種種大略說了一下，老師說:「這個我知道，那些人都是從軍校請來的，我曾力爭許多次，且爭得面紅耳赤，真想辭職一走了之，但一想到你們，突然就軟弱了下來。」原來老師曾為我們和訓育人員爭吵，那我就不必再多說了。

老師告訴我現在最重要的是表面配合他們，不要和他們衝突，好好唸書，把書讀好，安全過關，至少畢業後當一名老師，可以「安身立命」，進可攻，退可守，何況你的家庭情況，沒有和他們衝突的本錢。原來馮師和趙慕鶴老師一樣，都查過我的「資料」，知道我的「底細」。

那一次之後再去，就不那麼緊張了，不會耽心見了老師要說什麼，往往什麼也沒有說，就從老師的書架、書櫥上找書看，老師則自顧自的在他的書桌上寫東西。那時我真羨慕老師的書多，什麼十三經、資治通鑑、史記・・・還有許多以當時我的程度，不知道是寫些什麼的書。我心中私自立下宏願，以後我教書的薪水，除了生活外，要花大部份來買書，直到數十年後，學生到我家都說:「老師，你的家前面書多，後面藥多！」原來我的客廳滿滿是書，後面廚房壁櫥則慢性病藥一大堆。

那時學校剛由女師改制，設備因陋就簡，很少圖書，老師建議我向台大圖書館借，我既不是台大學生，如何向台大借書，我想到一個同村讀台大的鄰居林日福，透過他借來了三國、水滸……等的英譯本，那些故事早就讀過，再看英文容易進入英文語境。

「我就知道你很聰明，只要點你一下，你就自己會做。」原來他只告訴我可以向外借書，方法要自己想，這個原則，我以後在教書生涯中，常用來訓練學生，剛開始有些同學不了解，因而誤會生氣，但最後對他們的人生都有莫大的幫助。

「我每次都抓著你的手辦事，你什麼時候才能自立？」這是老師常掛在嘴上的，尤其是遇到學問上的問題，他都要我自己去找答案，找不到時，他會告訴我那一個方向，那一本書，找到了再和他討論，起初我以為他不會，怕我考倒，但和他討論時才知道，原來他知道得很透徹，幾乎是專家。

有一次我很沒禮貌的問馮老師:「其他學校很多望重士林的名師，而我們……」未等我說完，老師笑著說:「你真的很有意思，我專心教書，不在乎自己是否有著作留下，你還不滿意？」我嚇了一跳，原來他全心全意把心思放在學生身上，就不敢再多問了。四十年後，我的室友李宏謀深造回校當了教授，也是「述而不作」，不太爭取「文名」，我才知道馮老師當年的心思，可惜那時馮師已因腦中風過世年餘矣！

說真的，每一次讀文友的回憶大學生活，總是「津津樂道」他們學校的名師，而教我的老師，說出名字來，並沒有人知道，常引以為憾。有一次參加華文世界詩人大會，簡政珍教授剛好和我同室，問起我高師的師長，我說了幾位，他竟說:「奇怪，我是外文系的老師，做過中興外文系主任，怎麼都沒聽過他們？」我當時心裡有些不是滋味，現在回想馮老師的話，知道有些人並不喜歡「名滿天下」，他在乎的是自己的道德修業，以及他的學生是否能獲益。我現在努力回想，如果馮老師肯花一點心思寫東西，憑他的才華和勤奮，應該會有一定的「文名」，他是為學生犧牲了自己「立言」的機會。

二○○一年十一月，高師英語系第一屆校友在虎頭埤開校友會，馮老師也應邀前來，晚會時和我們聊得十分愉快，第二天還和我們在虎頭埤散步，看他走路仍十分便捷，但聽和尚說馮師回去不久就中風過世了。讓我們都震驚得無法置信。因為我們一起散步聊天中，許多同學都說退休了、老了，他要我們不要言老，心理年輕、生活品質才會好，才會長壽……真想不到，真是想不到啊！

執筆寫此文的時候，我彷彿回到當年高師的時光，沿著宿舍小徑，摸著現在已忘記什麼名字的小樹、小花，前去敲馮老師的家門，尋求指點迷津。我現在認為，即使老師不學無識，那時給我的幫助，遠大於什麼名師大儒，老師！我懷念您，在此深深一鞠躬向您對不起，「我太在意身外物了，老師。」

中秋剛過，教師節就來了，逢此佳節，回想老師的點點滴滴，腦子突然由青澀的綠，轉為成熟的黃，您的身教，讓曾經迷失的我，轉為正常，我要告訴老師，我會保持這樣一種祥和的心態，穩穩的走下去。

長腿美人

說到長腿美人，我就對自己的身材十分自卑。每一次碰到長腿美人和我說話，我總是趕快找一個有台階的地方，站在台階上和她說話。如果在公車上逃無可逃，只好找個拉環拉著，兩腳跟踮得高高的（台語叫內腳尾）。

幾十年後我們同學會，我老實的把當年的內心話說了出來，竟然獲得不少共鳴。尤其老吳也十分坦白：「是啊！妳那時候腿長人美！個性又好，活潑大方，可惜我們都愛在心裡口難開……」。

古意人這時只好小聲的說：「好了，好了，這輩子要和誰吃飯早就註定好了……」不急不徐，一付老神在在的樣子。其實我們都知道早年古意人還不是提心吊膽拿著鮮花去探病，才贏得美人歸。

長腿美人除了人漂亮外，內心十分善良，大一快結束時，學校預先選下學期的大隊長，我因熱心服務，也想選，有一天，長腿美人突然很緊張告訴我，許多人在暗中運作，要我趕快想辦法。

仔細打聽，原來是數學系和國文系都有人想在學校佔有一席之地，而我的所謂服務熱心，是認為學校名為一般大學，卻由軍校找來訓導長、總教官、教官、教師，還叫什麼「大隊長來帶同學」，說不定班代表就變中隊長，每班還設什麼小隊長之類的。

感謝長腿美人的好意，我分別和同學私下表示我的想法，如果選一位十分配合學校的同學來做「大隊長」，那我們不是變成軍校分部了嗎？同學也認為很有道理，我當選的呼聲極高。

然而，學校也不是省油的燈，早就獲得情報，臨時停止選舉，下學期再說。而我在暑假接到成績單，操行大丙，大受打擊，還有什麼心情「服務」？就此意志消沉，專心面對課本，決心成為一位「自私自利」的傢伙。

因此，大二開始，我不再管閒事，和星子到處旅遊，一起唸書，日子竟然過得還不錯，我想那些偉人，為了云云眾生，多辛苦啊。但是書本上不是一直叫我們讀聖賢書，要做大事，要立功、立德、立言嗎？耶穌被訂在十字架上，並沒後悔啊！現在想想，我真的太平庸了。受一點打擊就退縮，難怪成不了氣候，平凡過了一生。

但在那樣的時代，那樣的環境，我又能如何？算了，先充實自己再說，書念好，畢業了，也許能做一點事情也說不定。

由於對長腿美人印象很好，有一個假日，我和星子一起到長腿美人家拜訪。對她母親的善良、仁慈、印象十分深刻，人家說要找誰當太太，先看她的母親。有這樣和藹、善心的母親，難怪養出長腿美人這樣的女兒，她母親有多善良，光從她生前就立遺囑捐贈大體做醫學研究，就不必再嘮叨了。

據古意人告知，他之所以獲得長腿美人的芳心，還是這位仁慈善良的岳母慧眼識英雄呢！

「那時我們都十分心儀她，但內心喜歡，可是自卑感很重，如何表示？」古意人說話神情嚴肅，聲音低緩。

「那你怎麼有機會獲得美人歸？」我急切的問，內心既羨慕又嫉妒。

「還不是聽說她車禍住院了！」話說得簡潔。

「是啊！您怎麼知道她車禍？」我又急急的發問。

「平常偷偷喜歡，常常打聽她的消息，自然就知道了嘛！」又是不急不徐。

就這樣，古意人告訴我們，長腿美人住院期間，每日下班，第一件事就是探病，這下子，真誠感動天，豈止會感人？接下來就不用說了。有朋友常苦於無法向心愛的人表示，我都會把這一段告訴他，讓他參考。

長腿美人腿長有好處，人見人愛，但也有缺點。有一次我和星子到她家，她拄著楞杖，星子連忙問她什麼事。

「還不是腿長惹的禍！」長腿美人狠狠的拍了一下她美而修長的腿。

「怎麼啦？」星子和我一樣急急發問。

「就是到普吉島玩降落傘嘛！別人垂降都沒事，只有我降下來竟傷了腿，小腿骨折，遊樂公司還說我自己不小心，旅行社導遊說我腿太長。」一副無可奈何的樣子。

「那接下來的行程不就泡湯了？」我搖搖頭，十分同情她乘興而去，敗興而歸。

「才沒有呢！古意人接下來就有得表現了！」長腿美人深情的望了古意人一眼。

「沒有啦！應該的。」古意人還是低聲的說，從高師認識他，就這麼說話，從不急躁。

「我這已是第二次持枴杖了，以前那次更荒謬。」長腿美人自己招供還有一次骨折。

「那又是怎麼啦？」星子又急急發問，以前星子個性也穩重，怎麼今天如此急切？大概她和長腿美人四年同住一室，親如姊妹，特別關心吧！

「還不是腿長，有一次在上課，展示教具時有一件是玻璃做的，竟在展示桌上翻倒，我怕它摔破，靠著腿長，一個箭步向前接住了，差一點掉下去碎碎平安，但是腿竟也折斷了，住了幾天院，拿枴杖拿了一兩個月。」長腿美人詳述她的受苦經歷。

「那腿長還是有缺點嚕？」我長得矮，一副得意的樣子問。

「當然，還有更慘的呢！」長腿美人臉色突然悲戚起來。

「又怎麼啦？」還是星子急急發問，她今天已表現得有違往日的個性。

「破財消災啦！這一次沒住院，但損失不少！」長腿美人淡淡的說：「錢財身外物，自己沒用著，別人也許有用處」。

原來長腿美人要到百貨公司購物，家裡沒人怕失竊，把金、銀、細軟都帶在身上，那年的年終獎金還有當月的薪水，都放在同一個包包裡。

「我把包包擺在櫃台選東西，不知什麼候包包被摸走都不知道，大概我身子高，櫃台又矮，專心選東西時被偷，損失不少。」長腿美人還是有些懊惱，原來腿長還有這麼多的困擾，我想。

我的寶貝室友

從三十幾人的大寢室，改到六人一間的小寢室，大家都覺得有「翻身」的感覺。高興之餘，紛紛找自己個性相投的好友，共居一室。

由於入學規定沒有年齡限制，同學中有提早入學者，比一般正常年齡小了一兩歲，也有服完兵役或在社會上做過事的，就多到十幾二十歲。

老李是軍中連長轉過來就讀的，每天手不釋卷，勉強和你聊兩句，總是軍中如何如何，同學久而久之，就和他疏遠了；但我總喜歡開他玩笑:「你能帶兵，兵是活的多難帶啊！而書卻是死的，一次弄不好，多看幾次，何必如此緊張兮兮的？」

「你不知道啊！失學多痛苦啊！如今有書可唸，怎不謝天謝地，好好抓住機會呢？」

就這麼著，我們竟然成為無所不聊的好友。從他的老家聊起，一直到如何從軍，如何到台灣來。

「你知道嗎？」我們是整個學校由校長全部一起帶過來，我身上祇帶了一張我母親的照片，其他什麼也沒有。」說著，從口袋中摸出一張泛黃的照片，淚濕眼眶。

「不要難過了，只要活著，總有見面的一天。」我安慰他，但心中其實想著，恐怕沒有機會了吧！

老李的用功是出了名的，但由於專心致志讀書，很多方面都非常忽略，例如有一次，我和他要外出看電影，他竟找不到他的白上衣:「嘿，奇怪，我不是剛洗好，收在衣櫥裡嗎？」東翻西找，也到晒衣場去找了半天，就是不見踪影。

「怪！怪！難道那件舊衣服長了腳，自己走掉了不成？」

「床下找看看，也許老鼠咬走了也說不定！」我開他玩笑。

「喲！果然在床下的臉盆裡，白衣服老早變黃衣服了！真是健忘呀！十幾天前我換下來洗，想想先泡泡肥皂粉三十分鐘，再洗比較容易去污，想不到一放就忘了。」老李直搖頭。

「那你這十幾天都不用臉盆洗澡？」我一臉胡疑問他。

「為了抓住時間唸書，有些事情比較馬虎，想當年打土八路時，那來什麼時間洗澡。」他為自己找理由。

大概是老李不太洗澡，難免身上的味道不好，朋友就越來越少了。同室的同學，只要老李在，都紛紛跑到教室或圖書館唸書。

有一次老李竟然拿著臉盆，帶著香皂、香水到浴室大大的疏洗了一番，並且把宿舍大大的掃除了一下，又是打臘又是噴香水。還到圖書館借來許多精裝書，滿滿的擺了一個書桌。

「老李，怎麼啦！竟然如此大動干戈，要反攻大陸了？」我又開了他一個玩笑。

「你不知道嗎？教官室要開放男生宿舍讓女生參觀？大丈夫怎麼可以在小女子面前出醜？」他一臉嚴肅的說。

「原來如此，好了！加油吧！祝你如願交個知心女友。」

果然從那次之後，老李就經常神祕兮兮的出去約會，回來總會向我誇耀一番:「這是我人生的關鍵期，她是我的唯一，除了她，我什麼人也不要了。」

話雖如此，老李的「唯一」好像不祇一個，小美走了，又來一個小玉是他的唯一，小玉走了，小鳳又是他的唯一，班上同學常常拿你是我的唯一向他開玩笑，他也不以為忤。

大三的時候，老李突然中午也不午睡，早出晚歸，猛上圖書館，打聽之下，老李竟然把到了班上的三聖之一小芬。

「那怎麼可能？憑老李也配？」小賴一付不以為然。

「怎麼不可能？他已把小芬帶上情人路去散步了！」老黃頂了小賴一句:「他那句妳是我的唯一可是天下第一高招，攻無不克，戰無不勝啊！」

同學們正在你一句不信，我一句怎麼可能之間，老李和小蓮已在附小旁的情人路來來回回不知走了多少趟。也在不知不覺間，老李向大家展示了無比愛的神祕力量，他在大四就考上了名校的研究所，而且系中只有他一人上榜。

愛的力量果然神奇無比，老李研究所畢業又考上了中山獎學金公費留學。後來回國在某國立大學研究所任教，與小芬婚後幸福無比。

「小芬真是我的唯一。」老李在婚宴上再次如此說，同學都舉杯喝了，而且哈哈大笑。

渴望同學會

同學會是往日友情的延續，所以第一屆高師英語系的同學，雖畢業已三十七年，但每年均選定一個名勝古蹟或風景怡人的地方聚會敘舊。

二〇〇八年十一月九日、十日，桃園地區的同學逢幹、榮菊、和尚、大象等同心協力主辦同學會，選定位在龍潭的「渴望園區」開會，休閒臭蓋兩相宜。

我從中和家裡出發，開車到景安捷運站接事先約好的王蓮慶、李文玲。一年不見，好像外貌上也沒改變多少。彭玉香一見王蓮慶和李文玲，馬上聊上了，把我這個司機晾在一旁，不過，這樣也好，專心開車，以策安全。

和尚和逢幹辦事十分細心，地圖畫得十分詳盡，沒有什麼困難的，在下二高，左轉右轉兩下，便到了渴望園區。也真會選地點，渴望同學會的舉行，就在渴望園區，同學的心意，不言自明矣！

我們到的時候，只有水雨、秀慧少數人到，逢幹、和尚到高鐵站接遠道的同學，為了爭取時間，水雨和我、玉香就到游泳、SPA 區玩起水來，以前為了上課、備課、出題、改作業，那有時間到這種奢侈的地方？如今退休了，人生中該盡的義務也盡了，尤其孩子也都大了，不享一下清福，更等何時！

我游得高興的時候，旁邊突然有聲音說：「羊頭，怎麼還是游狗爬式的？」我轉頭一看，正是陳水雨和陳弘昌。「怎麼不行，我還感謝初中的體育老師呢！他只告訴我們，這一學期要考游泳，要游一百公尺，什麼方法都行。」就這樣也不教我們打水、划水、換氣，我居然自己到嘉南大圳、大潭水潭中練出狗爬式，也居然通過考試呢？我說完，看看陳水雨、陳弘昌，果然都是標準泳姿。「你們也別笑我，我這狗爬式還有很多人不會呢！哈！哈！」

晚飯時間，席開三桌，老兵為了帶孫子，此次缺席，羊頭找不到拼酒對象，此時盧義文大開殺戒，把王桂香的先生，慎如的先生，敬得「不亦累乎」。「好了！校長，你應酬多，果然酒量不凡，不要把女婿們嚇壞了，下次不敢來。」原來同學只要攜伴參加的，我們都希望他（她）們變成英語系的一員，每年都「渴望」他們來參加同學會。

晚飯後一起到飯店中附設的 KTV 聊天唱歌。白青俠歌藝越來越高深，已出了近十張的 CD，雖是只送朋友、同學，但大家都視為珍品，要學歌，拿起來聽，要回憶友情，拿起來聽，只要一聽到「一串心」、「白蘭香」、「南屏晚鐘」就會想起克難樂隊，就會想起迷倒千萬女師的蘇志仁，迷倒眾多男生的王麗玉。賴文吉、黃隆鑫吹口琴的伴奏，鍾尉文、彭玉香的話劇，往事歷歷在目，屈起一算，那已經是四十幾年前的青澀的歲月了。

大象報告了這兩年來身體病痛的折磨，到截肢的心路歷程，同學聽得紛紛掉下眼淚。畢竟年紀大了，生老病死的人生大事，隨時窺視著我們，我們除了小心應付，坦然面對外，又能如何？自從天奇兄走了之後，同學更珍惜友情，渴望同學會將來可望改為半年一次也說不定。

唱歌的同學多了起來，李淑惠、王麗玉、陳作英、李玲玉、周淑姬、王蓮慶、李文玲、彭玉香、羊頭、王漢源、張世敏、黃淮英、大象夫人、鄭秀慧、王桂香和她的先生、陳慎如和她的先生、曾榮菊、邱逢幹、和尚，還有陳水雨。大家又唱又蓋，紛紛去搶麥克風，彷彿回到了童年，一點都不會介意別人的眼光，又唱又說又鬧，十分快活。大家的歌藝都有顯著的進步，一面唱，一面表示每年都要如此快樂的聚會，快樂的唱。

第二天早上一起騎腳踏車遊園，張士錚、周淑姬兩人騎上協力車，快樂的唱:「戀愛的路啊多麼甜！」，逢幹領著騎個人單車的同學繞了一大圈。景色十分漂亮，下次還要再來！大家騎回來時，都一致的表示這兩天十分愉快，感覺不虛此行。

中午吃道地的客家菜，有板條、有薑絲炒大腸；總之，大家吃得不亦樂乎。大家在愉快的聚會，說說笑笑，吃吃喝喝之間，忘了從前每日思維必須嚴謹，人生不能閒散，要講求效率，把生命的琴弦上得緊緊的，如今一句:「什麼都不怕，向前行」，去他的生命節奏緊湊，我們就是要快樂，就是要年年渴望同學會的舉行，就是要一起唱快樂聚會頌歌，誰曰不宜？

流浪到台北

—— 高師第一屆英語係同學會側記

「這是什麼樣的緣份？讓我們從民國五十六年見面到現在，還經常年年相聚。這是神的恩典，讓我們在分離時，還常常想到對方，讓我們在見面時，興奮激動！」長腿美人在胸前畫個十字，滿心的娛悅和感謝，臉上充滿祥和幸福。

「你知道嗎？我們在貓纜動物園站分手時，我搭上逢幹和榮菊的車子到桃園，在桃園上火車之後又在車上碰到和尚和阿彎，這證明我們緣份一直還在，一直不散！」王麗玉平安到達新竹兒子家後，打來電話，除了報平安，還興奮的訴說我們高師大第一屆英文系的神奇機緣。

「真的，太令人感動和難忘，希望妳和振益常來台北，住在我家，我們可以搭捷運、公車或開車到處旅遊，我是老台北了，做响導沒問題，可能的話也約一些同學一起來，漢源、桂香的老公羅先生都可以開車，一起同遊多有意思啊！」阿香搶過電話，連珠砲的哇啦哇啦訴說著，顯示一百分的熱情和誠意。

三天兩夜的台北之旅結束了，同學們在依依不捨下互道珍重。雖然短暫的相聚，卻留下讓人無法忘懷的美好記憶，王麗玉竟在分手之後，又在火車上遇到同學，你說神奇不神奇？

話說從頭，當九十八年日月潭同學會由陳水雨獨撐大局主辦，卻非常成功完美的讓同學們大呼過癮時，輪到台北地區主辦的主要負責人王漢源，就不敢掉以輕心，時時詢問同學何時要召開籌備會。

正巧夏師母於九十九年四月十九日由美國回台，漢源馬上打電話邀請台北區同學到他家，一方面向夏師母問安，一方面順便討論同學會事誼。就這樣初步敲定，會期三天，住公務人力發展中心福華國際文教會館，享受 SPA、游泳、桌球、健身房之一流設備和服務，為了兼顧有親友在大台北地區，也可不住宿。第二天到淡水一日遊，乘坐便利的捷運。第三天貓空纜車之旅，享受泡茶和山野美食。

然而，熱心負責的漢源，還是不放心，又再多次邀請台北同學到人力中心喝下午茶，貓空實地勘察路線、飯店。由於勘察當天，刮風下雨，一群人只好坐小巴士上山，因為風大雨大，貓纜停駛。坐在公車上，大家都說，希望同學會當天，老天多幫幫忙。在試吃過美食之後，決定同學會在正大餐廳用餐，據羅先生和王桂香說：「孩子們和同學常上貓空，以這家最獲他們青睞。」最後決定三天行程中，捷運之旅改為包遊覽車，以免走散，也比較有相聚的聊天時間。

於是，盼望著同學會的趕快到來。

終於，十一月七日在熱烈等待中，姍姍的，移著小姑娘的腳步來了！

羊頭和阿香在下午一點半就抵達人力中心的候客大廳等人，漢源在家熬「羅漢果、桔梗、甘草、杏仁」治咳秘方，準備當晚邀同學到他家分享。

最先到達的是遠自花蓮來的古政松，自從畢業之後，除了在棲蘭山莊同學會時出現過一次外，好多同學都從未和他碰面，紛紛表示十分想念，於是羊頭在電話中告以實情，政松頗受感動，排除萬難，不但最先到，也直到第三天結束才離開，並接下一〇一年的花蓮同學會主辦重責大任。

接著和尚和阿彎也到，黃隆鑫雖走錯路，也滿頭大汗的前幾名到達。他說：「明年我要在西湖渡假村為大家辦同學會,怎可不來參加？除了觀摩之外,也表示誠意邀請大家啊！說真的，我這幾天還真忙，是特別趕來的哦！同學們要多支持明年同學會啊！不要讓我沒面子啊！」

不到預定時間三點半，大部份同學都抵達了，見面的喜悅,也不管大廳還有其他客人,你一言我一語,大小聲起來，還好人力中心的客人，忍功十足，一點也不表示厭煩，甚至還有人佩服我們，畢業了那麼多年，快半世紀了，還有那種珍貴的友情，令人羨煞。多位旅客表示，他們從未有什麼同學會，回去一定要吆喝一下以前的老同學也來辦一次。記得去年在日月潭舉行，有一位退休老師，帶著孩子和夫人，也一樣表示羨慕和佩服：「你們的友情，真是純真得可愛！」

晚飯之前，漢源安排人力中心的組長帶領大家參觀住宿及其他教育設備，同學們看到設備之先進，想法之周全，才知王同學實在是不可多得的人才，紛紛表示：「漢源！我們以你為榮。」

晚餐在人力中心福華文教會館 B1 交誼廳舉行，王漢源把籌備經過詳細報告了一下，把功勞通通歸給台北區一起籌辦的同學，王桂香和林治華負責收支，羅先生以前在電信局屬於高層的服務部門，對招待、採買駕輕就熟，蓮慶和阿香負責聯絡邀請，李文玲負責導覽。特別商請帶團有經驗的邱逢幹負責租遊覽車。漢源客氣的說：「都是他們，我一點都沒有貢獻！」難怪他主持人力中心，一帆風順，成績斐然。這種不居功，應是成功的重要原因。

羊頭表示一生都沒有什麼掌聲，請大家再熱烈鼓掌，並唱了一句：「掌聲响起來，我心更明白，你的愛將與我同在。」

蘇碧瓊教授表示她與第一、二、三屆的同學都有因緣，很喜歡參加大家的同學會，與大家在一起非常快樂。同學也樂意和蘇教授同住，淮英第一優先搶得先機，秀慧加床，也不讓淮英專美於前。想像她們兩位近水樓台，得到的教益、一定最多。

張士錚和周淑姬大談旅遊經驗，趣事一籮筐，為了隱藏退休教師身份，還編故事說自己是豬肉商，而且還是外銷的大商人，眾人笑得前俯後仰。「沒辦法呀！退休教師早已被污名化了！」士錚搖頭若笑。

盧義文夫婦由於第二天還有公務，吃過晚飯就先離開了，他現在又換了學校，是目前少數還在努力奉獻的人。林大藩也一樣還未退休，表示要教到滿四十年，精神可佩。這一次他和阿冬雄都為同學實況錄影，相信會有不錯的光碟，可供回憶。

金田兄身體狀況不是很好，曾兩度中風，卻依然不遠數百里，趕來參加，精神可感。尤其阿冬雄一路照顧，親自到林府接送，這種友情那裡去找？羊頭說金田走五分鐘的路要停下休息三次，否則心臟無法負荷，大家要保重身體啊！現在除了身體健康，還有什麼更重要的值得我們追求？

白青俠單槍匹馬，大家紛紛要求：「下次一定要帶老婆來！」老白帶了不少光碟分送大家，他已經自費出了十集左右了，歌聲動人。他說平常就以教唱自娛，真是退而不休，永遠功在社會。

旭生與建成表示，他們與天奇是綁褲帶的好友，如今三缺一十分難過，更懷念與大家的友情，旭生表示眼睛不好，明年可能要退休了。他感謝老師蘇教授的用心指導，秀慧的資料協助，才能獲得珍貴的博士學位。「博士對別人來說可能十分容易，但對退休以後才再讀書的我，卻是千辛萬苦，山南山北，走了好幾回，兩次眼睛出血，旭生的求學精神，獲得了最熱烈的掌聲。「經過多少失敗，經過多少等待，告訴自己要忍耐！」旭生如此唱了起來，眼淚湧在笑容裡。

建成說自己在南部買了一塊地做起農夫，十分甜蜜幸福，可是八八風災，把農場吹得東倒西歪，零亂不堪，將來希望大家有空去分享田園之樂。

政松說本來這幾天辦慈濟的活動很累，但感於同學熱情的呼喚，只好拖著疲憊的身軀前來，沒想到一看到同學，所有的酸痛都好了，歡迎大家 101 年，一定要參加花蓮同學會。

文吉表示他從公職退下來，又再辦了一所私立學校，對教育的熱心，彷彿與生俱來。他說目前有七個孫子，看誰能跟他比，他環顧四周，居然沒有一個同學舉手。「回去好好鼓勵子女們努力增產報國，大家都不生，我們那來的學生教？」還是三句不離本行。

鄭秀慧帶來兒子媳婦及可愛的小孫子，羊頭牽著不到兩歲的小朋友，要他跳，要他踏步走，要他拍手，小朋友表演得非常高興，一點都不怕生，把爺爺奶奶們逗得嘴巴都合不攏，笑彎了腰。

吳武章與夫人聯袂而來，表示非常想念同學，能參加同學會是一種無上的快樂，最幸福的事。源金樂捐了五千元，並告訴大家養生密訣，每次同學會，他的醫學講座最吸引人。他說他已整理了十本以上的醫書，對中醫藥學之貢獻，將來可以比美華佗、扁鵲、李時珍，令人佩服其堅強的毅力。

和尚與阿彎每一次參加同學會，都會給予開示和祝福。羊頭拿著敬老卡說許多銀髮族坐公車免費，刷卡時「嗶，嗶，嗶」三聲，有人戲稱是三聲無奈，和尚，有沒有開示的吉祥話，和尚說三生有幸，為何無奈？哈！哈！哈！眾人大笑，忘了六十五歲之將至。阿彎的歌聲，還是寶刀未老，蘇志仁的關子嶺之戀又風靡了全車，不比白蘭香遜色，老白不愧是歌唱老師，麗玉的「家後」可以挑戰江蕙，把嫁進夫家，甘願奉獻的心情，唱得穿透骨髓。隆鑫真是唱家子，沒去當歌星，實在可惜。遊覽車小姐一直讚美：「從未聽過如此高水準的卡拉 OK 演唱，可以報名星光幫或超級偶像了！」害導遊小姐除了讚賞，不敢唱一曲，其實也沒機會唱，大家搶麥克風，那輪到她啊！

永森從紐西蘭回來，要不是他妹妹娶媳婦，還沒機會參加同學會呢！他說他參加醫學研究會，許多醫生都說以現在的醫療水準，長壽一百沒問題，要注意三件事，第一吃得簡單，一片魚，一片肉。第二避開農藥，晚上打燈籠抓蟲，不要灑殺蟲劑，第三注意運動。他祝福大家長命百歲，友誼永遠。

陳水雨和李小姐表示要大家到水里賞梅、唱歌。水雨、李小姐其實很會唱，但要保留到大家到南投玩才肯露一手。水雨的四句連還是一樣爐火純青，他說了祝福的四句連，大家樂於接受他的祝福，掌聲四起。

就這樣，大家在吃吃喝喝，坐遊覽車、貓纜，嘻嘻哈哈，你一言我一語中，結束了快樂的三天兩夜同學會。下了纜車，王麗玉說比日月潭纜車要好，平穩、視野很美，張士錚、周淑姬說，我們走遍世界，可以說比外國纜車好太多了，而且又便宜，不到兩元美金，又可十人以上打八折，這種好康那裡找？

這種緣份，大家要珍惜，這種快樂，大家要永遠保持、擁有。明年西湖渡假村再見囉！這次沒辦法與會的同學，請排除萬難，下次一定要參加，大家多麼想看看你啊！

「有緣，無緣，大家來做夥，燒酒飲一杯，呼乾啦！」老兵，羊頭好久已沒和你拼酒了，好想你哦！好久不見的鍾蔚文都來了，他現在已是政大傳播學院的院長。炳輝、長錡、龍才、國男、仁華、素英、惠榮、宗明、阿明、宏謀、炳鏘、崇嘉、文得、中政、榮禮、淺蕪、玉芳、秀玲、麗珠、進萬、宜生、麗華…還有偶而出現的惠光、仕鍾、孟源、丁成、碧杏、立華、鈴玉、月霞、李秀英、慎如、進卿、作英、紫英、木盛、秀鳳、棋隆、小妹、楊秀英、瑞雄、阿佩、淑惠、金蓮、春蓮，你（妳們）知道同學有多想你（妳）們嗎？來吧！時間不多了，都已六十好幾了為什麼不來？還在等什麼？快來啊！

健康不老的保健密方

高師第一屆英語系的同學，從民國六十年畢業後，就斷斷續續舉辦同學會。那時大家還在上班，同時小孩還小，不是託不到人照顧，就是小孩子上了國中，不敢不集中精神照顧子女唸書，往往參加者十來人而已。

然而到了民國八十九年，開始有不少同學退休，於是分別到全台各地舉辦同學會，有時到北部的龍潭渴望園區，有時到新竹、苗栗的獅頭山、西湖渡假村，中部的日月潭，田尾公路花園，南部的虎頭埤、墾丁，東部的知本，宜蘭的棲蘭山莊，都留下我們成群歡樂的笑影。

參加的同學越來越多，往往吸引許多遊客羨慕的目光，九十八年在日月潭教師會館，還讓一位也是退休的教師親口表示羨慕，並說回去之後也要吆喝同學，舉辦一次同學會:「真的很羨慕你們，我自從畢業後就沒參加過同學會；台灣雖小，要遇到昔日的同學，並不容易，有的同學，甚至畢業迄今，都未碰過面呢！」言下不勝唏噓。

最近一次同學會是在民國九十九年十一月七、八、九三天，由台北地區同學主辦。台北地區的同學有七、八人，由有行政經驗的王漢源負責召開籌備會議，分配工作、規劃路線、訂車、訂餐廳旅館，三天下來竟然讓同學大呼過癮，頗有依依不捨，不願分別之感。

在第三天結束同學會分手之後，回到家中不久，我就接到王麗玉同學的電話：「你說神不神奇？我們在台北分手後，我坐上邱逢幹的車子，在桃園再上火車，竟然在火車上遇到同學和尚和阿彎，彷彿我們的友誼，一直不散。」王麗玉在電話中，一直感謝這是神的恩典，才會有這種機緣和向心力。

由於大家都年過六十，每一次聚會，都會由呂源金講解老年人的養生之道，因為他畢業後當了中醫師，對如何照顧身體頗有研究，有時同學的問題太多，往往直到規定截止時間，還欲罷不能。

每一次聚會時最吸引人的大概就是卡拉 OK 時間，白青俠退休後在住家附近義務教鄰居唱歌，還自己錄了十來張 CD，唱來最有歌星的架勢。王麗玉、林治華、黃隆鑫、蘇志仁、阿彎也都天生有好歌喉，往往能把歌曲詮釋得讓人感動不已。

也有擅長說笑的王漢源，往往把笑話說得讓同學捧腹大笑。也有擅長說四句聯好話的陳水雨，就常以四句聯祝福大家。張士錚和周淑姬大談旅遊經驗，趣事一籮筐，往往說得讓大家忘了晚上休息時間。由於兩人都長得白白胖胖，他們竟然告訴一起出遊的團員，自己是豬肉商，而且還是外銷的大商人，讓同學笑得前俯後仰，直說：「真像！真像賣豬肉的。」

還有帶兒子、媳婦來參加的，更有帶孫子前來，把爺爺和奶奶逗得不亦樂乎！更有覺得每年一次同學會不過癮的，如北區的七八位同學，十一月之後又聚了好幾次。有一次竟然相約開車去龍潭找邱逢幹，去採橘子、吃客家菜，同時又到他的別墅泡茶、聊天，呼吸芬多精，因為邱同學的別墅位在關西山中，負離子最多。

邱逢幹還帶我們爬位於別墅後面的登山步道，雖說是登山步道卻沒有石階，只有人們走出來的羊腸小徑，一行七、八個人，有時要牽手，有時要互相扶持，不是很好走，走了一個半小時回到別墅時，大家的大、小腿都已經有一些酸痛了呢！不過，大家還是對自己走路的工夫深深引以自豪，一起歡呼了一下，同時拍照留念。

其實年紀大了，除了照顧好身體外，就是要有老朋友，聚在一起話家常，回憶過去，那種快樂，絕對是有錢買不到的。難免有一些同學怕出門，或喜歡獨處，若能有人出面邀請他，或告訴他同學們其實也很想念他，應該也會動心才對。

這一次北區同學會負責的同學，每人打電話熱情邀請，終於盛況空前。其中有一位花蓮的同學，除了參加過一次宜蘭的棲蘭山莊之旅外，數十年均未出現，邀約的同學告訴他同學很想念他，很想見他，果然感動了他，不但全程參加，還最先到達，最後才離開。

回想每一次的同學會，翻閱一下照片，竟然還是興奮異常呢！同學會所帶給我的快樂，比什麼都讓我珍惜。尤其年紀大了，需要保健，同學會更是健康不老的保健密方。多盼望常舉辦同學會啊！讓我多多服用這麼好的保健丸，我內心呼喊著。

第三輯

當兵教書的那些年

小毛病，不可輕忽

「太意外了，一個小小攝護腺手術，竟然動了兩次刀，住了快兩星期的醫院！」辦理出院手續時，我羞愧的對內人搖頭表示歉意:「尤其讓妳陪著住院兩星期，窩在一張小椅子上，太為難妳了」。

「看你以後還敢不敢大意！」太太老實不客氣的頂了我一下。

原來去年初我就感到有頻尿、尿柱變細、滴尿的現象，前往泌尿科檢查，歷經抽血、超音波、切片等繁雜手續，因吃藥排尿獲得改善，且切片沒有癌細胞，也就忽視攝護腺已肥大到一般人的一倍半，沒有聽醫師勸告，開刀切除，只服用醫生開的藥。

吃藥之後，很多方面都獲得改善，更使我掉以輕心，以為從此只要按時服藥，就會沒事。特別是零捌年十二月初，和一群詩友遠赴黃山參加詩會，第二天夜裡，竟然尿不出來，趕忙吃了一顆改善排尿的藥，雖然整夜如廁次數頻繁，且尿液奇少，苦不堪言，但第二天竟恢復正常，使我誤以為，只要吃藥，即使急性尿滯留，也可以排除。

今年五月，和一群親友組團同遊張家界六天，前四天都順利遊玩了常德柳葉湖、美麗的詩牆、天門山、空中花園、芙蓉鎮、金鞭溪、天子山、袁家界，雖然疲累，但面對如此絕世美景，頗覺不虛此行。

就在第四天晚上，遭了，又尿不出來，趕忙吃下一顆改善排尿藥物「可訊」，然而，整晚還是如廁頻頻，只勉強擠出了一點點，心想，上次在黃山，第二天就好，也許明天會好吧！

但是這次不一樣了，第二天仍然尿不出來，遊寶峰湖、黃龍洞時我一點遊興也沒有，只有拼命找廁所，但都只尿出一、兩滴，痛苦無比。

中午吃飯時，我告訴隊友，大家都說多喝水，尤其要喝啤酒，才會順利解尿，想想也有道理，就喝了一杯啤酒，兩杯汽水，這下不得了，肚子更脹，更加痛苦，還是尿不出來，尤其連一、兩滴都沒有。

此時導遊說到長沙還有五小時，那裡有大醫院可以急診，只好忍耐，手上拿著一個塑膠杯，用外套蓋著，企圖多少偷尿一點，但一點都沒有。

我看著手錶，一分一秒，過得十分緩慢，雖然車子開在高速公路上。但幾百公里，豈能一下子到達？正坐不行，側左邊坐，也不行，再側右邊坐，還是不行，痛苦死了。

終於抵達長沙，行程上還有一個岳麓書院，因我早年來過，只替太太在門口照了一張相，就告訴她們，我不進去了，我要去找廁所，然而，直到她們參觀出來，我還是沒有尿出一點半滴。

晚餐時在長沙，黃興南路步行商業區，她們用餐，我去藥房買藥，只吃藥未吃飯，因為我一點食慾也沒有；導遊和飯店聯絡，飯店說三十分鐘車程有一家第八醫院可以急診。

在長沙街上，又碰上塞車，抵達飯店已是晚上十點，此時我已腹脹如鼓，趕快坐飯店的車子到醫院導尿，一陣折騰，已是晚上十二時了，但是一旦尿導了出來，人立刻清爽不少。

就這樣，帶著尿袋，參觀馬王堆，坐飛機經香港轉機回台北，一趟從沒有過的「痛苦之旅」，竟讓我大意之下碰上了。

回到台北，才晚上八點多，立刻到附近診所拔掉尿管，但是，一整夜還是尿不出來，第二天早上四點多，趕快到台大掛急診，再度導尿，並掛了門診，準備好處理它了。

門診醫師一聽我的訴說，竟然說：「這故事太普通了。」並建議我回原來的醫院找原來的醫師，因為他原來也是台大醫師轉過去的。

熬到廖醫師有門診時間，才找上他談開刀的事，他先幫我拔掉尿袋，並預約下星期門診，但早上拔掉，一直到下午，都尿不出來，只好提前找他，並在星期日就辦住院，星期一就開刀。

一切都十分順利，星期五就出院了，想不到不到一個晚上，就在清晨四點多，就大量出血，只好再掛急診導尿，再做一次手術清除膀胱的血塊，醫師說可能回去動到了出血，也可能其他原因，總之，又住了一個禮拜。

同病房中有一位七十幾歲老翁，還從溫哥華導尿回來呢！且費用高昂，花了兩萬多元，我在長沙才花千把塊錢而已。

不過由於這次意外，我得到一個教訓，那就是不可大意，我太輕忽它了，所以才在千里之外遇到危難，尤其在山上，太危險了。也由於我太大意，沒有注意術後小心動作，才又回去挨了一刀，這下子教訓夠了，夠我一輩子回味。

咬緊牙根忍過去

當年的他父親外遇，母親自殺，在附近農專就讀，因心情不好，細故打死了室友，被判刑，正在假釋保護管束中……

當老師遇到有成就的昔日學生，是十分興奮的事，但是有一次我到一個小鎮的小吃攤吃當歸鴨，竟然遇到以前十分頭痛，認為大概沒救了的學生。他一面切鴨肉，一面招呼我：「老師，請坐，還認得我嗎？」

當年問題學生，化成灰都認得

「怎麼不認識？林志強，讓我頭痛萬分的林志強，化成灰我都認得。」我因太興奮，說話有些誇張。我一面聊，志強一面切鴨肉給客人，非常老練。

「這一家當歸鴨的老闆就是我的岳父，當年老師帶我來這裡吃當歸鴨，覺得很好吃，以後就自己常來，並且認識了老闆的女兒，學了老闆全部的手藝，做了他的女婿。」志強端上我要的當歸鴨，坐到我的旁邊，告訴我，目前已育有一男一女，都上小學了，由於經營的是鎮上生意最好的小吃攤之一，收入十分可觀，生活過得不錯，很感謝老師以前的教導。

我的思想馬上回到十幾年前，當時志強是補校的學生，他在我上課時竟然把一個鋁箔包飲料空盒子，用腳大力一踩，發出「碰」的一聲，其他學生都嚇了一跳，這在校規上可能要記過處分，但我沒有，下課把林志強找到辦公室了解他的動機。

原來他是保護管束的學生，父親外遇，母親自殺，在附近農專就讀，因心情不好，細故打死了室友，被判刑，正在假釋保護管束中，才到小鎮的補校再續學業，程度懸殊，覺得老師教的內容太簡單，他不滿意，放「砲」以示抗議。

了解原因之後，我建議他可以自由看書，不必聽講，自己想看什麼書都可以，最好看勵志書籍，之後我也常拿一些自己認為的好書讓他看，如《成功者的座右銘》、《羅蘭小語》等。

這樣相安無事的上了一段時間的課，有一次我下課走到停車場準備回家之際，志強追了上來，向我表示他要休學，我和他就在停車場旁邊的綜合教室前，坐在台階上聊了起來。

原來他為吸毒所苦，曾經勒戒還是改不掉，看來前途無望，再讀下去，也沒什麼意思，不如休學。我建議他「痛苦時咬緊牙根忍過去」，為了多做心理輔導，我帶他到我最喜歡的小吃攤吃當歸鴨。

「很好吃，老師，我住在附近竟然不知道，真是…」志強吃得津津有味。

「以後我可以常請你來吃。」我笑著付帳，送志強回家。以後我常和志強到小吃攤吃東西，當然最常吃的還是當歸鴨，他後來沒再提休學之事，我當然也沒再問他吸毒之事。

直到畢業之前，學校照例要辦公民訓育活動，到曾文水庫住一夜，就在那一次活動中，幾個跟志強要好的同學跑來告訴我志強毒癮發作了。

老師一句話，人生大轉彎

我趕快叫他們把志強帶到主任休息室，讓他躺著，兩三個同學陪他，有狀況立刻通知我。主任休息室是個人專用，沒有人知道此事。就這樣順利的完成公訓活動回來，我私下告訴志強，如果他不能戒掉毒癮，不但他前途毀了，我和幾個同學也將因知情不報而遭殃，我要他「咬緊牙根忍過去。」

「老師，你知道嗎？就是你那句『咬緊牙根忍過去』，讓我戒了毒癮，也有了一個幸福的家。戒毒很苦，我很感謝老師，還有我岳父教我一身手藝，太太陪我度過艱苦的戒毒時光。」志強說著，露出一種很感激、很幸福、也很甜蜜的奇異神情。

原來志強在我請他吃當歸鴨之後，經常自己來，因而結下了這段美好姻緣，也戒掉毒癮。

「志強，太高興了，你是我教書生涯中最好的回憶。」我吃完要付帳時說道。

「不可以！老師，我請客，歡迎你以後常來。」志強堅持不讓我付帳。

離開志強的小攤，一路上想著志強的變化，抬頭看看夜空上的星星，每一顆好像都在微笑著。

我那調皮搗蛋的學生

第一次遇到這麼調皮搗蛋的學生，是在我剛服完兵役，到一個鄉下高中任教時，那時我年輕氣盛，那裡肯花什麼心思去研究輔導「壞」學生，我首先想到的是，把他壓下去，挫挫他的銳氣。

他是從台北某明星高中轉回鄉下的學生，程度和原校學生有天壤之別，因此，他常把頭抬得高高的，同學對他印象壞極了，人緣可以說超級差。

像這樣的學生，一般課程是制不了他的，因此，凡是最難的問題，我都第一個問他，想都不用想他一定不會，幾次下來，他長在頭頂的眼睛慢慢降下來了。

這時，我就不再那麼貶損他了，反而找機會讓他表現。例如他記憶力很好，一篇兩三千字的英文課文，不要多久他就可以背誦下來，我當然第一個叫他，他也不會讓我失望，琅琅上口，一氣呵成，讓全班刮目相看。

我慢慢跟他建立友誼，取得他的信心，破解他的心防，終於，他告訴我他的「悲慘」故事。我之所以說「悲慘」，是因為以他的年齡，無法面對這樣複雜的人生。

原來他的父母離異了，離異的原因竟然是父親愛上他母親的姊姊，一個高一的學生十五、六歲，如何知道處置的方法？

可以想像的是一般學生叛逆的行為他都有，當時我的年齡也不大，也不知道如何去安慰輔導他，只知道告訴他：「你心情不好，墮落了，學壞了，你祖母不傷心嗎？你將來無一技之長，祖母年老了，你父親又不行，不知跑到那裡去了，她將來靠誰？」

這位調皮搗蛋的學生，居然會聽我的，我也十分意外，他告訴我：「我書唸的好，有什麼用？父親不要我了，母親也不要我了，祖母年紀大，能供我念到什麼候？」

說的也是，但路有很多條啊！我告訴他：「軍校、警校、師大都可以唸啊！」

因此，後來這一位調皮學生終於乖乖的唸完三年，且上了軍校，而且以他的聰明才智，在軍中表現十分優異，本來可以一直升上去，但他有一次告訴我：「為了照顧祖母，我轉任學校當教官了！」

「這也很不錯呀！你現在知道，當年我勸你只有自立自強，才是對抗不幸的最好手段嗎？如果你在當教官期間，有類似的學生，可以拉他一把！」我想，當教官，幫助學生的機會最多了。

因此，他常在遇到頑劣學生時，前來和我討論。比較容易處理的，他在和我討論過後，總會自己找到方法，唯一的一次比較棘手。

「老師，這次麻煩大了，這兩位學生居然犯了竊盜罪，上了法院，明天就要出庭了！」他來到我的住處，一付很想幫這兩位學生「想辦法」。他說學校開訓導會議，多數以「嚴重影響校譽」主張退學處份。

「那你認為呢？」我說。

「我當時以輔導教官名義，拍胸脯保證，這兩位學生可以救，而且法院尚未判刑，自然不到退學的地步。我說，如果法院判刑了，他們不用退學，也無法回到學校唸了！」他把開會情形和他自己的看法，向我詳細說了一遍。

「這就對了，退學不是教育的最好方法，只有承認教育失敗，才走到退學這一步。」我說

最後法院以學生初犯並有悔意，給他們自新機會，由家長嚴加管教。最重要的是我那寶貝搗蛋學生教官當場又拍胸脯保證會用心調教，獲得法官的支持。

這其實也是很普通的學生故事，最神奇的是幾十年後，我那寶貝調皮學生從大陸深圳來電告訴我，他現在在深圳某公司當總管，老闆就是那兩位偷竊的學生之一，還真像美國短篇小說王「奧．亨利」的驚奇小說。

「老師，你有空過來玩，我全程招待。」

有這句話，我一生教育工作的辛苦，都化為雲煙，好像什麼都不存在了。

歪妹！加油！

我知道她的綽號叫歪妹，是在學校舉行運動會時，她的班友看到歪妹參加一千五百公尺、八百公尺徑賽，努力往前跑的神情，紛紛大喊：「歪妹，加油！歪妹，加油！」。

「是不是她走路常歪著頭，看人常歪著頭？」「才不是呢，是她的想法。」「什麼想法？」我和班上的同學討論起來。

原來歪妹對事情的看法，常有她自己的一番歪理，同學久而久之，就以外號歪妹稱呼她。

「就以這次的運動會比賽來說吧！同學推派選手，都以有得獎機會為主，但歪妹卻大發議論，什麼運動是為了健康，志在參加不在得獎……等，大力提倡班上人人至少參加一個項目，她自己就參加了兩項，一千五百公尺和八百公尺。八百還好，雖然最後一名，但落後不多，而一千五百公尺，看著全場只剩下她一人，她還不放棄，全場為歪妹加油。

「不會耽誤大家的時間吧？評判老師，我慢慢跑完全程，如果到半夜還沒跑完，你們會不會不耐煩，會不會把我放棄，通通回家了？」歪妹一臉正經的問。

「不會，不會，當然不會。」老師們雖然覺得若真有人一直跑個沒完，到了半夜，那要怎麼辦？還好，歪妹雖慢，還不至於拖延太多時間，那次運動會慢了些結束，歪妹還得到精神錦標，最佳勇氣獎。

從那次校運之後，我就特別注意歪妹，有次月考結束，她的文科都非常好，尤其是英文、國文，但數學成績卻是個位數。我問她為什麼？她竟然回答我：「老師，手指頭有一樣長嗎？為什麼一定要每一科都棒？全部通等於全部不通！有很多有成就的人都專精一樣。」

這次可就不是歪理了，我也覺得頗有一些道理，但畢竟高中分數評量法關係到升留級，我就問她：「那升不上二年級怎麼辦？」

「山人自有妙計，不告訴你！」頭一歪，一溜煙走了。

以後我遇到她，還是會問她數學有沒有進步，她都很乾脆的回答：「沒有！」但一年又一年，她也升上三年級了。原來我所任教的學校，學生程度不佳，設有暑期輔導、補考等辦法，歪妹也就在有驚無險中年年過關。她本來在北部名校唸，也是打聽到這所海邊的鄉下高中，容易過關才轉回來的。

「老師，我的朋友都喜歡寫作，喜歡胡思亂想，因此功課都不好，在都市名校，一個個都在月考、期考中敗下陣來，下場都很慘，勉強畢業的，又在聯考的挫敗中，被打擊得信心全失，所以，我高中畢業後，不再升學了，我要去當作家，全心寫作……」距離畢業典禮還有幾天，高三的課全部結束了，我在公園遇到歪妹，和她聊天中，她這麼告訴我。

「當然可以，作家又不一定要很高的學歷，但必須有創作的才能，祖師爺才肯賞飯吃。」我和她聊了一下台灣作家能專門靠寫作生活的不多，要多加考慮。

「這樣好了，妳還是報名參加聯考，報名費我幫妳出，考不上就算了，還有個把月，妳文科不錯，找一些參考書臨陣磨槍一下，也許可以考上私校，反正總分高的就錄取，數學零分並不影響妳。」

那時沒有規定有一科零分就不錄取，放榜時歪妹錄取在一所私校的外文系，此時再也沒有數學的上課壓力了，我說：「歪妹，加油，是妳全力發揮的時候了！」

「當然，我現在沒有任何牽掛，一定拿好成績，不會辜負老師的期望。」

以後歪妹常回來告訴我，她又有一篇文章獲獎了。沒有回來，我也會在報紙副刊看到她的作品，寫得越來越好，心裏很為她高興。

後來由於她的工作忙，回來的次數少了，但還是會聽同學提到她的消息，有一次同學告訴我：「歪妹真厲害啊！差一點就得百萬小說獎。」

「真的？告訴她，再加油，和她跑一千五百公尺的精神一樣，永不放棄，到半夜了，老師們還會陪著她跑！」我要同學轉告她。

距離歪妹畢業，整整三十個年頭了，聽說她在國外，但仍可在國內的報章雜誌看到她的文章，我內心裡總是默默的為她喊一聲：「歪妹，加油！」

登山其實不浪漫

早在讀大學時代，就有同學登上台灣的名山，如溪阿縱走、八通關古道、奇萊山、大霸尖山……。而我，因對自己的體能沒有信心，只能止於欽羨的份。

直到進高中教書，學校有老師們組成登山隊，某次在隊長吳仁懋老師的大力慫恿，總幹事吳豐凱老師的再三保證會給予多方協助照顧下，終於勇敢的帶著老婆、仍在唸高一和國一的兩個女兒，參加了「合歡山登山團。」

出發前照領隊指示，準備了登山背包、禦寒的羽絨衣及簡單的醫療用品，興匆匆的登上了一輛二十幾人坐的中型巴士，浩浩蕩蕩的往合歡山前進。

然而，未抵合歡山之前，小女兒雅馨就因山路顛簸迂迴而頭痛嘔吐，我又是拿塑膠袋，又是遞毛巾，手忙腳亂。

車抵松雪樓才下午三點多，領隊說可以先攻難度較低的東峰。由於東峰較矮，而容易爬，我們一行人一下子就攻克了。接著再攻較難較遠的北峰。

可能攻東峰太容易了，小孩子們攻北峰時，走的比大人快多了，不久就看不到她們。我們從後面加緊追趕，還是趕不上，正著急間，孩子們反向跑了回來說：「好冷啊！」原來十一月初的天氣，下午三點多還不冷，但過了五、六點之後，氣溫陡降，而羽絨由我和內人帶著，小孩子只穿了較單薄的衣裳，不冷才怪。

晚上在松雪樓用餐，不知是著涼或什麼原因，小孩子們竟然不太有食慾，而且有頭痛胸悶的感覺。許多大學生紛紛前來幫忙，有送熱開水的，有送藥品的，有幫忙按摩的，終於症狀和緩了下來。總幹事說這是輕微高山症，因合歡山海拔三千多，空氣稀薄之故，若較嚴重的可以吃普拿疼。

原來登山並沒有想像中的容易及浪漫，尤其松雪樓未改建前，床位少，登山客多，我們的登山隊分到的舖位三人才有兩個床位，而且是大通舖。於是，我們男女間隔著睡，也就是妻的邊睡夫，然後另一位男生接著睡，旁邊才睡太太，另一位太太接著睡下，隔壁才睡自己先生，竟然也剛剛好，沒有什麼困難。

小孩子更容易了，尤其是小學生、幼稚園沒什麼男女之分，只是苦了國、高中學生，還費神安排了一番。最辛苦的要算半夜上廁所，其臭無比，有嘔吐物，其他穢物，且堵住了水的通路，地板上又是水又是各種污物，讓人幾乎無法忍受，但既來之則安之，總不能在半夜下山吧？

第二天早餐過後，領隊安排要攻西峰、吳老師說西峰最難最辛苦，沒把握或體力不好的，留在松雪樓。念高一的雅茹還有些頭疼不舒服，妻陪她留下，我和小女兒參加攻西峰的隊伍。

走得正累間，周老師扶著他新婚不久的妻子，鼓勵她再走一步，再走一步，語帶深情溫柔。小孩子們看在眼裡，回程車上，一致評定：周老師是最好的先生。我們男老師則私下決定，以後不再邀請周老師參加活動，以免被比了下去。

林主任本來腿就不太好，陳老師也深情的扶著他走完全程，且一路上又是雞精又是人參精，幫林主任補個沒完，聽說他們就這樣也攻克過玉山呢？

從西峰下來，已是午餐時間，吃完午餐就整裝打道回府了，這一趟登山行程，讓平時從未登過山的老師們吃足了苦頭，內人和二個女兒也紛紛表示，還是到風景名勝露營好，登山太苦了。

因此，從那之後，我對登山除了羨慕、佩服之外，又加上恐懼，尤其聽山難事件不斷發生，如登黑色奇萊山斷魂的七位大學生，如登喜瑪拉雅山失掉手指頭的某勇士，都令我敬佩得五體投地，只是限於個人的條件及體能訓練，也僅是敬佩而已，不再有浪漫的幻想。

從那次登合歡山之後，我僅止於聽兩位吳老師在登完某山之後侃侃而談，百岳已攻了多少，某山如何險、如何難登，卻如何漂亮，而沒有勇氣再參加。兩位女兒也一直到大學、研究所之後，在社會上做事，都未再參加過任何登山活動，有則僅止於到附近小山走走。

看來要登大山，還是要有充足的訓練和準備，否則一趟登山，過程驚險不說，從此被「拒於山外」了。

露營之樂樂無窮

很多人喜歡露營，我也不例外。早在二十年前，還在高中任教時，就和學校同仁及附近學校的教師，組成一個露營隊，每次開車到全省各風景名勝露營，參加的大人小孩都在二十人上下，車子則有七、八部之譜。

第一次露營活動，我們選擇在春假三天假期中，地點則是經南橫，夜宿海端、知本，然後經南迴，返回高雄、佛光山，直抵北港。

由於第一次遠行，又是山路，行前我把車子開到汽車保養廠檢查，又是檢查引擎、胎壓，又是檢查水、電瓶，一切都沒問題了才上路。

想不到車在抵甲仙前，我的車子竟然冒溫度，只好停在路旁檢查，眼看前不著村，後不著店，那來的修理師傅，一時我緊張非凡。

在路旁等待降溫後，在水箱中加滿清水，同事有李半仙之稱的李平楠老師，幫我發動車子引擎，左看右看，順手在電盤保險絲上拍了幾下說：「好像沒什麼問題，再開開看。」

於是我們一路往南部橫貫公路前進，從桃源過梅山，穿天池，直到啞口，竟然都平安無事，沒有問題。後來李半仙告訴我，應該是修車廠的師傅，未將保險絲固定好。此時，我恍然大悟，原來我到修車廠只有檢查，並未換修東西，修車廠老闆只叫學徒幫我檢查，而那些學徒都是國中中輟生，既不愛唸書，又懶於工作，隨便應付一下。那天檢查好車子開出來時，就發現怎麼沒有冷氣了。

再開進修車廠，原來師傅忘了插上冷氣插座，現在前後印証，問題出在我開車去安全檢查，不檢還好，越檢越糟。此後，我就把這家修車廠列入拒絕往來戶中，聽說那家修車廠不久就開門大吉了。

黃昏時我們一行二十幾人，浩浩蕩蕩抵達海端國中。值夜的先生告訴我們，我們認識的顏校長已經調回西部了，不過還是歡迎我們借用校舍露營。有水有電有廁所，對露營者來說，就非常方便了。

當夜，我們圍坐一起，又是泡茶，又是品酒，幾乎忘了平常工作的辛勞。號稱總幹事的劉東儒老師，準備了上好的茶葉，金門陳高，還有滷味、花生，大家一邊吃喝，一邊聊天，都說人生如此，夫復何求？

小孩子在校園跑道上追逐，或打球，玩飛盤，一點都不吵大人，一直到吃飯時間，還不太願棄放棄他們的遊戲呢！

第二天晚上，我們在知本尋得一家平價的露營區，每頂帳蓬位子才收三百元，又設有溫泉洗澡間，因我們都自備有帳蓬、睡袋，不再另外租，所以花費很少。營區還設有溫泉煮蛋池，小孩子們都玩得很盡興。後來該營區設備越來越好，我們的露營隊幾乎每年都會去一、兩次。

第三天我們從南迴，經楓港，拜訪了佛光山，尋覓美濃的蝴蝶谷，然後依依不捨的回到北港，雖然累，但大家都覺得很值得。

從那以後，我們一有假期，隊長李半仙，總幹事劉老師就登高一呼，馬上有十幾二十人響應。從附近的華山，到中部的溪頭，一直玩到中部橫貫公路、武陵農場，北部橫貫公路的拉拉山，石門水庫的阿姆坪。

而且每次露營都會遇到同好，順便參觀請教他們的設備。除了高成本的露營車，我們未購置之外，幾乎該有的我們都有了。

在露營活動被一、兩位做建築的朋友知道後，他們便誠摯的邀請我們去他們的工寮玩玩。大家心想，去工寮露營有什麼好玩，也就沒有很積極去處理。直到有一次，在嘉義做建築的戴先生，非常堅持我們非去一趟他的工寮不可，只好勉強答應，但帳蓬、睡袋，我們還是準備的非常齊全。

想不到戴先生位於梅山太平的工寮，竟然像大飯店，有好幾間套房，每戶都能分配到一間還有剩，根本用不到睡袋、帳蓬。最奢侈的還設有酒吧，卡拉 OK，讓我們都驚訝的張大嘴吧，說不出話來。

但好景常，後來建築業不景氣，又遭九二一大地震，這一家「工寮」就沒再整修，戴先生的事業也收了，我們又回到帳蓬、睡袋的露營日子。不過，露營雖然辛苦，但其中快樂的滋味，非當事人，無法體會呢！

一位至情幽默的朋友

小陳是我南師時代的好友，為人風趣幽默，至情至性，我很喜歡他，相交數十年，雖然小陳已變成老陳了，但我還是喜歡稱他小陳。他個子小小的，一副娃娃臉，年過六十，卻還像個年輕人，走路比一般人快了一倍。他有許多值得我細細記錄的地方，先說他的至情至性吧！

有一次我和內人北上看他，晚上閒聊時，他把他和夫人結婚之前的通信精裝裱褙成三巨冊，近兩千頁，讓我們「欣賞」，我們一直讚嘆他真是有心人，但他說不是他有心，而是他的大妹有心，花了三萬多元，幫他請人裝訂裱褙，而成如今這麼美觀大方。

小陳說著說著，眼眶突然濕潤了起來，他詳細的把他大妹放棄升學，到萬華西園路一家成衣加工廠工作，支持他讀私立大學的一段「針線情」，詳細的告訴我們。我深知我們之所以選讀南師，是因為家貧，但內心那股不服輸的念頭，一直鼓舞著我們一面教書，一面準備升學。

我運氣比較好，又考上公費的高師大，小陳卻考上私立學校，鄰居雖買鞭炮來道賀，小陳卻只淡淡的說「謝謝」，面無喜悅之情。他連到台北的車資都湊不出來，怎麼有錢去繳私立學校昂貴的學費？難道要把他父親賴以維生，幫人搬運貨物的牛和牛車賣掉嗎？那以後父母如何生活？且幫得了一時，也幫不上四年啊！此時大妹站出來：「哥哥，不用耽心，我早就找好了工作，可以供您唸到畢業！」

就這樣，小陳在大妹的支持下，終於順利完成學業，也謀得教職，並且和相愛多年的學妹共結連理。他把妹妹支持他的這一段情，寫成一篇「針線情」，發表在報紙上，感動了很多讀者。

「你知道嗎？那篇文章竟然感動了一位賣麵的老闆，把它影印多份，夾在餐桌玻璃墊下，讓顧客邊吃麵邊欣賞」。小陳流著淚告訴我。

「你知道嗎？當我到那家麵店吃麵，看到這一篇文章，深受他的做法所感動，並未表明身份和他聊了起來，原來老闆的用意是鼓勵兄弟姊妹，親人要相親相愛，互相支持，不要為爭產而鬧得很難看。最後我們成了好朋友，只要路過一定前去賞光，老闆都說他要請客，我當然不好意思老佔他便宜，偶而也帶一點土產去送他」。

「至於這三大冊情書，之所以裱褙起來，也是大妹的用心，大妹說她唸書不多，與先生由父母之命，媒妁之言而成婚，沒什麼情書，很羨慕哥哥的浪漫，所以值得花一點錢，整理起來做紀念。時過幾十年，現在看起來，還真有意義呢！我這一生欠大妹太多了。」小陳顧著說話，忘了替老朋友泡茶，但這有什麼關係？那一晚，我和內人深受感動。

說起他的幽默，那才令人叫絕，那是我退休後與內人一起北上參加一個文學會議，前一晚住在小陳家。正在聊天中，他兒子從外面回來了，留著小山羊鬍子，頂性格的。和我們打過招呼之後，就進自己的房間了。

我們正聊得興高采烈的時候，突然傳出一陣重金屬音樂，雖然做了隔音設備，但隱約中還可以聽到，我說：「小陳啊！你兒子學音樂的？」

「那有啊！他喜歡，自己組了樂團，號稱要做伍百第二。」小陳把他兒子從小到大的糗事，詳細的說了一遍，把我和內人肚子都笑痛了。

原來小陳的兒子小小陳，從小不愛讀書，早就請外籍人士教英文，英文還是進不了階，請數學家教，可是一上起課來就打瞌睡，誰也叫不醒，物理課更是「勿理」，連課本都沒打開過，常告訴人家「幹嘛要學霧裡啊？要霧裡看花嗎？」

「你知道嗎？我兒子是女中畢業的呢！」小陳暫停了一下，賣個關子，經我們一再懇求才慢慢道出原委。

原來他兒子小小陳，讀高中還是很混，小陳只好去找校長幫忙，請學校的老師幫忙，幾乎集全校之力，才讓小小陳上了全國最「高」學府文化大學。原來小陳在女中任教，免費替同仁小孩教作文，大家都欠他這一份情，有的教他做小論文，有的幫忙設計圖文並茂的研究報告，終於以推甄上了大學。

「所以我說我兒子是女中畢業的，如果沒有這些女中的同事，校長的推荐函，他再考十年都考不上。」小陳繼續說著：「但他畢業後，既不走他學的森林路線，也不走他費了千辛萬苦學開十輪大卡車的駕駛工作，卻做起音樂工作室來，每天忙到三更半夜，我也只好認了，我兒子從小就寶啊……」小陳深深嘆了一口你，兩手一攤，無可奈何！

「不用急，各有一片天空，那一天他和黃國倫一樣，你就吃喝不完了」。我說著，大家哈哈大笑。同學老友互相鼓勵安慰嘛！哈！哈！

我那位鬼靈精的學生

我那位鬼靈精的學生，第一年並不在我班上，而是高一分組時，才編進來，高二義班，對就是高二義班，我記得非常清楚。但我對這一位鬼靈精同學的印象，卻產生在分班之前一年，而且印象十分深刻。

話說剛初任教師的我，正在戰戰兢兢的編寫教案，不知如何去教這樣一班有程度很好，也有程度普通，更有幾乎二十六個字母都不會，別提音標、文法及其他的學生。如此懸殊的程度，要教些什麼，煞費苦心。

教案寫著寫著，看看不理想，又把它撕了，撕了又寫，寫了又撕，此時辦公室的會客桌邊傳來另一班導師的山東鄉音:「王士豪,你可不能亂翻譯哦,你要老老實實告訴你爸爸，要他在家多多管教，你太調皮了，屢犯校規。」

「會的，老師，我一定實實在在，一字不差的把你的意見，翻成台語，告訴我父親」。然後王士豪轉身告訴一位貌似鄉下老農的男士，說:「阿爸，老師說我很用功，很乖，你不用擔心，零用錢要多給一些，否則在同學面前會失面子」。

「你給您老師講，不乖要打，不打不行，不會進步」。老農用台語說著。

王士豪轉身對山東籍的丁老師說:「我爸爸主張愛的教

育，他說有錯要多輔導，要有耐心」。

乖乖這是什麼跟什麼嘛！完全翻成不同，甚至相反的意思，我忍不住抬起頭來看他，王士豪此時看我在看他，居然對我做一個鬼臉，臉不紅氣不喘，又繼續他的翻譯工作。

幾十年前，內地來的老師不會講閩南語，本地人不會說國語的情況很普遍，而王士豪竟然利用了這麼一個機會，表現他驚人的鬼頭鬼腦，讓我十分意外。

一個禮拜後，我為了班上一位同學家裡出狀況，奉命前往探視，在坐客運車時，居然在車上遇見王士豪，那時我還不知道他叫王士豪，而是在交談之後才得知他的大名。

他首先為那一天的表現，顯得不好意思。但他解釋說他的老師和父親兩個人都非常古板，如果說真話，回去一定吃藤條，如此做實在有不得已的苦衷。

這一點在我任教多年後，也頗有體會，例如有一次我去做家庭訪問，剛到門口，學生的父親馬上去拿掃帚要打他的小孩：「老師，我知道孩子不乖，一定會好好修理……」，這一位先生以為老師是來告狀的，而且以後竟然經常發生，那時電話又不普遍，不能事先告知，常弄得十分尷尬。

高二的時候，王士豪竟然分在我班上，我開玩笑的說：「這次你認栽了吧！我可是國、台語兩樣都精通哦！」

「老師，不會啦！你這麼民主，和學生親如一家人，我那需要來那一套？」還真是鬼靈精，嘴巴甜得讓人十分窩心。

在帶他的兩年中，我見識到他的機智地方，十分多。例如有一次學校舉辦園遊會，居然頒下一個比賽辦法，其中有一個獎是最有人緣獎，其實就是生意最佳獎，此獎以所賣點券金額高低分勝負。

班上人才雖然濟濟，但會做行銷的不多，做出來的點心口味也平平，玩的項目打水球也十分普通，眼看著來賓都到別的攤位去了，我班的點券卻還有一大堆，同學都十分耽心，紛紛發表意見，你一言我一語，卻沒一個人能提出比較可行的辦法。

正在一愁莫展之際，王士豪往水球場中間一站：「老師，你站在這個地方，讓同學們丟水球，好玩嘛！」竟然設計起我來了。

為了表示對學生活動的支持，只得硬著頭皮往水球場中央一站，嘴裡說著：「各位同學，手下留情啊！水球打到也很痛耶！」

「同學們，大家來報老鼠冤了，要合法打老師趕快排隊」。一下子幾乎來了一、兩百人，點券馬上賣光光，那年頭，還算保守的年代，打老師可是要退學的，不像現在，老師打學生，要賠錢，學生打老師，老師給學生自新的機會，只好抱「病」原諒。

那一次，本班居然得了生意最佳的「最佳人緣獎」，而且業績比第二名高出甚多，可以說完全是那位王士豪機伶的傑作，當然憑他的機伶，鬼點子多，以後的發展無限，前程似錦，自不在話下。

一位擅於抓住機會的學生

鬼靈精小王編到我班上後，我馬上發現他除了點子多以外，繪畫方面的天份也不錯，所以「鼓勵」同學選他當學藝股長。我之所以在「鼓勵」兩字加上括弧，是因為在表面民主的時代，選舉是可以「影響選情」，而且並不違反選罷法，幾十年前，我也不知道有無選罷法。

在我明示或不斷暗示之下，小王終於當選學藝股長，並且在第一次壁報比賽，獲得優勝，全班同學除了對他信心大增之外，對我的領導也頗為「心服」，在那屬於十七歲，心理學上是反抗期的青少年，要對老師心服口服可不容易，頂多表面服從。因此小王給我帶來領導的方便，我也準備隨時回饋。

可是，就在我派他參加全校美術比賽時，他卻鎩羽而歸。此時我總不能面露失望狀或怒形於色，我笑笑的，對他說:「沒關係！下次再多用點心，可以拿好成績」。

然而他卻把頭一揚，很輕鬆的告訴我:「老師，告訴你，但你可別告訴別人哦！學校請來的評審老師，無法欣賞我的作品，以後我會在藝壇上大放異彩，你等著瞧吧！」

還好，他沒有因為失敗而灰心喪志，卻自己找到下台的藉口，我也只好順口說:「對，對，鄉下學校那有什麼美術人才，他們那裡有眼光欣賞你超水準的表現。」表面雖然安慰的話，但證之他後來的表現，也有些接近真實。好像有一部電影，就是演類似的內容，說一位小朋友的畫作，寄到國際比賽才得獎，並且轟動一時，這種事不是沒有可能。

小王畢業後，沒有繼續升學，聽說北上學畫，有一次他在植物園畫荷花，剛好一位黨國元老散步從此經過，停下來看他的畫。說小王鬼靈精就是鬼靈精，馬上停下來跟這一次黨國元老聊天，而且一聊竟然十分投緣。

從此以後，小王變成這位黨國元的忘年之交，每有畫作，就拿去請他品評，並且請他題字，不論他的畫作水準如何，以這位黨國元老的身份地位，只要經他題字，絕對身價百倍。

一段時間之後，累積了相當數量的畫作，這位黨國元老推荐他到歷史博物館展出，這是何等光榮的事。更巧的是剛好有一團日本藝術家來訪，看到小王的畫展，便歡迎小王到日本展出。

更巧的是開幕酒會上，一位日本國會議員的千金，也來參觀他的畫展，竟然兩人看對眼了，於是連五十音都不會的小王，就留在日本，而且成為這位國會議員的女婿，聽說這位國會議員的千金，還是一位女鋼琴家呢？

以後小王就在日本發展，直到我退休前，學校工友突然在一個下午，通知我去校長室，原來是小王從日本載譽歸國，想回饋母校，要捐一百萬獎學金。

一百萬不是小數目，而且由有成就的校友捐獻，意義更是不同凡響，校長當然非常高興，立刻決定以盛大的晚宴款待，並且邀來地方人士多人做陪，有鎮長、民代、記者多人。

晚宴中，鎮上人士，立刻鄭重邀請小王回鄉舉辦畫展，畫展時果然轟動，附近鄉鎮學校，紛紛包遊覽車，帶學生來參觀，尤其地方人士買畫者不少，也給小王很大的，實質上鼓勵。

那次之後，我常想到小王，不管有沒有天份，他的成功帶有幾分運氣；但他的機伶，能抓住任何到來的機會，應該是他成功的主要因素。

有一年五四文藝節，我應邀到一個頒獎會觀禮，我那機伶的學生，竟在美術得獎人之列，我十分興奮，馬上趨前道賀。他看到我來也十分意外，因為我一向住在南部。

這下子得獎了，有了肯定，我可以說真話了，中午一起吃飯時，我就把從前一直悶在心裡的話一起告訴他，我要他繼續努力，不要再運用什麼機伶智巧的手段，真正追求「實至名歸」，這才是今後該全力以赴的目標。

奔波法院受折磨

我是文學系畢業的，根本沒學什麼法律，卻和正牌律師，在法院整整周旋了三年，而且還打了勝仗，一想起這事兒，我就頗有光榮感。

話說一輩子安份守己的母親，住在鄉下，既不欺人，也不騙誰，居然有一天收到法院的傳票，有人告她詐欺。這事不得了，我媽立刻電召我回去。

一看，原來是一位親戚做生意倒債，他的房子由母親設定抵押，別的債權人出面告她詐欺，製造假債權。而我知道這位親戚三不五時會來向媽周轉現金，尤其每次收到三個月五個月的支票，馬上拿來調現，直到最近三個月，眼看自己開出的支票無法兌現，只好請母親設定抵押他住的房子，萬一真的不行了，老人家的養老金才有一點保障。

想不到竟惹來官司，一向怕官、怕衙門的老媽直呼，這怎麼得了，這怎麼得了。我一面安慰老媽，一面想：「不是有位同事的父親在法院當書記官嗎？前去請教他豈不比乾著急有用？」

於是連夜到這位同事家拜訪，他父親大略問了一下情形，知道調支票有支票為證據應該沒問題，叫我到法院買答辯狀回家書寫，並給我看一些範例，我這法律門外漢，竟親自下海打起官司了。因為我問過，請律師要花不少錢，而老媽的錢都套牢在那位親戚的手上，抵押的房子因為官司，暫時也不能賣，只好硬著頭皮自己來。

我到書店去找六法全書、判例，準備好好的跟這位正牌律師大幹一下。還好，母親識得中文，我大略把答辯狀的內容講解一下，要母親不必慌張，事實俱在，我們不會輸的。

果然第一次判決下來，不起訴處份，母親十分高興。但高興沒幾天，法院的傳票又來了，原來告訴人不服再議，高分院發回更審。我看一下理由，居然是懷疑母親沒有百萬資金來源。

只好把招會、子女匯給她的金錢來源證明找出來。可是第一次出庭後，法官認為光憑會單，無法相信是真的，只好在第二次出庭時找會腳前去證明。而一個會有二、三十人那麼多，有人又沒空，大概去了十來位，也算浩浩蕩蕩。很幸運，這次又不起訴處份。

但事情還沒完，他們又再議，高分院又發回更審，就這樣一直在法院家裡之間奔波。老媽每次收到傳票，血壓都會上升，每次都要看醫生，真是折磨慘了。

最令人無法忍受的是第三次偵察庭，告訴人也許跑累了，竟然連著好幾次都不出庭，法官也不問了，就叫老媽回家，下次再問。法官不知道老百姓並沒有那麼多閒功夫，讓他招之即來呼之即去嗎？我一生氣，寫了一封信把這個情形向首席檢察官報告，乖乖，不多久，不起訴處份就下來了，他們也不再有異議，終於塵埃落定，打了一個十分漂亮的勝仗，母親也因此認為她花精神培養我唸高學歷是值得的。其實，她那裡知道，我讀那些判例、法律條文，十分枯燥乏味呢！但是為了母親，為了打贏官司，只好硬著頭皮哪！

還好，這件事已過去快三十年了，沒再為任何事上法院，不過有這個經驗，我深深以為法院真是折磨人的地方，往往讓一個沒事的人折磨得半死。那些一天到晚跑法院的人，竟然一點都不怕，還真讓人佩服他們的勇氣跟韌性啊！不犯法都這麼辛苦了，那真犯了法還得了。

忘不了那位甘蔗西施

說來我的運氣還真好，和我同年齡的人，只要大專一畢業，就是一個排長，威風八面的預備軍官，即使口令動作完全不行，他還是個官。而我，一慢再慢，竟碰上了要考預官，而且錄取率十分低，真是幸運啊！

而最幸運的要算考上步兵排長，按分數，可以分到其他兵種，但我體位「甲種」，一般大專生不是近視，就是牙齒不及格，往往「體位乙種」，「甲種體位」奇少，所以我儘管預官考試考高分，還是分在陸軍步兵當排長。

就這麼一路從成功嶺的基本訓練三個月，再到鳳山步校三個月，才分發到部隊見習四個月，然後再服足足一年的預官役，足足比以前的預官一年多了十個月。

這不打緊，步兵一向操得奇慘，但我忍功十足，越操越帶勁，但連上的弟兄就不行了，很多出身醫生、名門的少爺兵老跟我訴苦：「大哥呀！我快掛了，再這樣操下去。」

「忍著點，我看看有沒有什麼辦法。」我一面安慰那些從未吃過苦的弟兄，一面想著：「為什麼越來越苦呢？而且班長揚言要像鎖螺絲釘，越鎖越緊，這下子我自己沒關係，我那些軟腳蝦兄弟，豈不完了！」

於是在步校後面七〇一高地出操時，我向賣甘蔗的「甘蔗西施阿蘭」請教。

「這個嘛，叫你那些弟兄多來買些甘蔗，我才告訴你！」阿蘭竟賣了關子。但這還不容易，我那些兄弟有的是錢，不要說多買，整個攤子全包了也沒問題。

「你知道嗎？你們連長，也就是隊長下令，操到晚上會哭才算合格，你們隊長常來我這邊呢！」阿蘭偷偷告訴我隊長多年來一直對她很有意思，只是落花有意，流水無情啊！

「以往好幾年，我都告訴他隊上的學員，一定要假哭，哭得越傷心，操得越輕鬆，假放得越多。」我們保證以後只光顧她一攤，阿蘭為了感謝我們熱烈支持她的甘蔗攤，她才把這個秘密告訴我們。

於是那天晚上，我們幾個就躲在棉被裡啜泣，果然不久就有班長來巡視。

「哭什麼哭？男子漢，大丈夫，革命軍人，這一點小折磨就受不了，將來怎麼打仗？下來，到連集合場刺槍訓練。」那天我們幾個哭泣的同學，被罰了整整兩個小時的刺槍和交互蹲跳、伏地挺身，悽慘無比。

「阿蘭呀！被妳害慘了。」我把昨夜的情形告訴阿蘭，責備她不該騙我們。

「你們繼續哭，哭得越慘越好，其他我來想辦法。」阿蘭還是要我們哭。

「可是，我們又被罰時怎麼辦？」我表示不信任她了。

「你們走開些，隊長從那邊過來了，這個就交給我吧！」阿蘭向我們使了使眼色。

「唉喲！帥哥隊長怎麼好久不來我這裡了？」阿蘭遞上

一截甘蔗。

「不了，這些兵不乖，頭大呢，怎麼有心情。」隊長一直把我們當大頭兵看。

「不會呀！這些兵都說步校就屬你這隊訓練最出色，他們學得最多了。」

「真的嗎？真的嗎？」隊長笑得合不攏嘴。

那一夜，我們又假哭了，而且哭得很傷心。

「同學們，隊長說你們這段時間，出操認真十分辛苦，明天星期天，提早一個小時放假離營。」班長走到哭泣的同學床前，低聲的說。

果然第二天早上七點不到，班長就集合大家宣佈可以離營放假了。

隊上同學都欣喜若狂，紛紛互相尋問什麼原因，但除了我們幾個，沒有人知道，那是假哭的功勞，不，那是甘蔗西施阿蘭的功勞。

意外的收穫

我在陪母親打官司的時候，大女兒才四歲，二女兒兩歲，都託母親帶，要上法院，只好一起帶去，期間還發生了不少趣事，而其中一些感慨也可供世人參考。

首先到了法院一進門就看到法警，報到處也有法警。而身穿警察制服的人也不少，兩個女兒一看到就怕得躲到我後面。

此時母親低聲告訴孫女：「不要怕，他們不是大人，是賣小鳥的，等一下阿嬤帶你們去買小鳥。」原來母親住在鄉下，鄉下人遇到小孩不乖，都用「大人來了，會把你抓去哦！」來嚇小孩。聽說日據時期，稱警察叫大人，大人對老百姓之兇悍，由小孩子一聽大人來了就嚇得不敢哭，可見一斑。

「那些人怎麼跟賣小鳥的有關？」我丈二金鋼，摸不著大腦，回到家，便找一個單獨的機會問母親。

「哦！那是村子中有一個當義警的阿義仔，為了奉養殘疾多病的年老父母，在公園旁賣十姊妹、八哥等小鳥，對小孩很和善，所以才說穿制服的員警是賣小鳥的，以降低他們的恐懼感。」母親微笑著說。

原來母親為了兩個小孫女管教方便，還分兇的警察是大人，以威嚇小孩不得哭鬧，又以和善的阿義當賣小鳥的，以降低小孩的恐懼，還真服了她。難怪每次要到法院都告訴兩個孫女要去買小鳥，使她們樂意跟去。沒受過太多教育的母親，卻自己創出一套帶小孩的方法。

之後有一次，我正在跟母親研究案情，手裡抱著老二，竟忘了老大已偷偷溜了。我告訴母親沒什麼好怕的，只是常常要出庭，又不知要拖到什麼時候，母親心裡很煩，我祇好告訴母親，告訴人住得遠，在中部，到一趟南部也要花時間和金錢，我們就跟他耗，怕什麼？

正說話間，老二突然哭了起來：「姊姊，姊姊！」咦！真的姊姊不見了，這下子可急死我了，趕忙到處找，心想一個才四歲的小孩，如果走失了，那才糟呢！

找著找著，找到警衛室，老大正在和值班的員警說話，我急忙衝過去，警察告訴我：「這小女孩是你的女兒嗎？他問我怎麼沒有賣小鳥，我也不知道什麼意思！」

「哦！我們本來想把法院的事情處理完後，帶她去買小鳥，她喜歡十姊妹。」只好如此說了，心想，真不好意思。原來到法院幾趟後，老大覺得已不陌生，就自顧自的找小鳥去了，而我由於專心跟母親討論案情，差一點誤了大事。

「小孩要看好哦，最近常有小孩被抱走的。」員警關心的說，的確，那段時間，常有小孩不見了，而且怎麼找就是找不到，有人說被賣到國外了，不知是真是假。

為了守信用，不讓女兒失望，那天偵察庭問完，就先到一家鳥園買了一對十姊妹，兩姊妹自然十分高興，一路上一直跟小鳥說話，兩隻小鳥由於怕生，還在籠子中跳來跳去呢！

由於告訴期間長達三年，法院走久了，女兒們對法院已經熟得不能再熟了，且老大已經六歲，居然可以和一位陪父親前來訴訟的小姐聊天，我偶而偷聽一下，大女兒彷彿已經從鄰居的口中，得知到法院的原因，只是小腦袋瓜一直不解「為何錢借給人家還要挨告。」

至於已四歲的老二還懵懂的只知道阿嬤說要去買小鳥，可是老二的可愛模樣居然博得那位小姐的好感，後來收老二為她的鋼琴學生，多次在比賽中獲獎，不能不算跑法院跑出來的機緣，和意外的收穫。

原來那位鋼琴老師的父親，也是錢借給人家反而挨告。現代社會之複雜由此可見。平日從不與人結怨的母親，居然為了一點點捨不得用的私房錢，跑了三年法院，而我這位文學系的兒子，也不得不讀六法全書、判例、請教法界的朋友，看來現代人要遠離是非也不易啊！

那年我是大頭兵

聽到現在的孩子當兵時間不斷縮短，甚至於有可能改募兵制，即使接受訓練，也大都太熱不出操，太冷不訓練，長官關懷倍至，十分羨慕，想當年我們當大頭兵，操得半死，那有這麼幸運。

話說我第一次穿草綠色的軍服，是在考上大專聯考的那年暑假。一大早，列車從南而北，一站一站把我們接到台中成功嶺，若是住在台中以北，則剛好相反。

能上成功嶺，大都是聯考的勝利者，自然帶有一份光榮、驕傲的心情來報到。可是抵達成功嶺，頭髮一理，軍服一穿，班長馬上吹哨集合。

大家還三三兩兩，慢條斯理，認為剛報到嘛，而且外界不是認為大專學生集訓的都是少爺兵嗎？

「動作慢吞吞啊，死老百姓嗎？」一位黑臉的班長怒氣沖沖的大聲罵著，後來大家給他取一個綽號「閻羅王」。

「大家聽著，穿上軍服，就是革命軍人，軍人沒有自己，更不能凡事找理由，班長問話，只能回答，是，不是，沒有理由，七個字。」黑臉班長閻羅王大聲說著。

由於我個子小，又站在後面，聽不太清楚，也看不到班長，把頭往右邊側了一下，想看清楚前面的狀況。

「還動，出來，臥倒，繞著隊伍爬一圈。」班長厲聲的指責我，我只好乖乖跑上前臥倒，並且繞連集合場爬了一圈，滿身泥灰，手肘很痛。真倒楣，剛報到第一天就被罰，忘了疼痛，只覺得十分羞愧。

「大家聽到了，到這裡先把自尊心拿出來，寄放在倉庫，革命軍人，服從就是榮譽」。於是大家乖乖接受編排，按個子高低，每班十名，每三班為一排，我們連上當時就有四排，每人分配一個編號，不叫名字，只叫號碼。我是38號，有次我私下聽到班長聊天：「天兵啊，38 號，什麼都慢，大條不甩的樣子，要給他一點顏色。」糟了，我可要小心了，千萬別犯在他們手上。

「38號出來，班長做一次給你看，你照著做。」單兵攻擊的時候，連上的同學，一個個通過十來個站，只有少數動作不標準，被叫重來。只有我38號，每一站都重來，不是腳太高，就是臥倒動作不對，翻滾的姿勢不佳。每一站重來一次，做不到十站，我已暈頭轉向，早上吃的什麼饅頭、豆漿通通吐了出來。

這種整人法還非常普遍，聽說每一連都有，也有向上面反應的，但得到的是：「合理的是訓練，不合理是磨練。」一點輒都沒有。

當時的台灣沒有現在富裕，戰士往往吃不飽，我未到成功嶺之前，就聽服過兵役的人說：「吃飯有要領啊，第一碗只填八分滿，然後趕快吃完，第二碗狠狠的填了十三分滿，又壓得很實在。你如果第一碗填太滿，等你吃完，絕對飯桶空空，只剩喝湯了！」所以我們吃飯既比賽速度，也比賽技巧，例如挾菜要「瞄得準、挾得穩，嘴裡吃著一塊，眼裡看著一塊」，否則在吃飯時敗下陣來，你就沒體力出操啦，要上福利社也沒時間，同時人擠人，搶不到來買。從福利社的櫃台都安裝鐵棍保護，就見識到戰士搶購東西多英勇。

早餐吃饅頭配豆漿，每人一個饅頭，饅頭有大有小，我們當然選大的，有一次我選了一個大饅頭被閻羅王看到，罰站在桌子上，高舉饅頭大喊：「我的饅頭世界最大」一百句，一點也不覺丟臉，因為自尊心已經「寄在倉庫」了。

最令我難忘的是被罰環遊世界，我的好朋友林福田被罰「推窗望月」。

所謂環遊世界，就是犯錯的同學要在大通舖底下爬行，一面喊「已經遊到東京了」，「現在到了北京」，又是什麼到了紐約、倫敦、巴黎……等等，床舖下久不打掃，出來後滿身灰頭土臉，夠你清洗半天。

至於「推窗望月」就是把上下開的窗戶推到一半，讓受罰的同學半蹲，頭頂著。林福田說，十分鐘下來，腰都直不起來。

雖然被罰最多，但我的人生中，最有意思的日子竟然是那年，那年我做了大頭兵，把自尊心寄放在倉庫，結訓時閻羅王說：「各位同學，恭喜你們結訓了，要回到學校做大學生，千萬不要忘了把自尊心帶回去。」

他竟然覺悟了，眞好

「林漢文又出事了，現在正在分局接受偵訊，你趕快去看看，這孩子走偏了，要設法引導回正軌。」學務主任（也就是以前的訓導主任）一臉嚴肅的告訴我。

「好，我馬上去。」騎上機車，立刻直奔分局。一路上想著，林漢文這孩子，不久前才在班上霸凌同學，強索「保護費」，和我談話時，一臉旁若無人：「怎麼了？老師，你不知道嗎？那些乖乖牌學生，手無縛雞之力，光功課好，功課好有什麼用？我的拳頭能讓他平安，不受侵犯，專心用功，花他一點錢算什麼？」林漢文滔滔不絕，的確把我嚇壞了，這是什麼思想？太恐怖了。

那次事件，我當晚立刻去找他爸爸。他爸爸才四十出頭，留了短短的小平頭，一身黑衣服，有些道上兄弟的樣子。正忙著接受大家樂簽賭。他一面接電話，一面招呼我坐。聽到我說林漢文的事才說到一半，馬上打斷我的話。

「老師，你是古意人，對社會事就太不瞭解了，你一個月薪水多少？我光大家樂每月淨利數十萬，我還是小咖呢！中盤、大盤更不得了。漢文能唸就唸，不能唸就回來幫我收帳。」他拿了一顆檳榔請我，我說我沒吃，就走出來了，我知道這樣的家長，我真的無能為力。以後在班上，我極力拉攏林漢文，讓他感覺我也像兄弟，可以一談，甚至深談。果然，他告訴我他心中的秘密，更令我震憾。

原來他心中藏著很深的反社會思想，他說所有的人都為成績好的學生叫好喝采；成績不好，就是垃圾，甚至於是人渣。他父親就曾抱怨，他的同學成績好，考上醫科，賺很多錢，他說他如果有種，拿槍去搶醫生，成為十大槍擊要犯，也可以賺好幾億，可惜他覺得自己沒種，只能賣賣安非他命，簽簽大家樂。「我想，我可以比他有出息！」林漢文說這話時，頭仰得高高的，讓我更加駭異，「怎麼會這樣？」我內心迷惘著。

想不到他這麼快就被逮到分局，到底是犯了什麼事呢？我車子騎得飛快，不到二十分鐘，就到了分局。一位偵察員正在做筆錄。我上前瞭解，原來林漢文已組織了一個不良少年集團，自任幫主，叫什麼「飛虎幫」，頗有武俠小說的味道。還好，偵察員說他們才決定要去恐嚇勒索商家，情報發現得早，算未遂案，分局備查一下，請老師帶回嚴加管教。

我簽了名，把林漢文領了回來，那天在林漢文家和他父親聊到深夜都沒結果，畢竟我們的觀念差太遠了。回到學校第二天，召開訓導會議，多數老師決議為了校譽，退學處分。但我身為導師，總不能一點力都不盡就和大家一樣退學了事啊，我總要再想想辦法啊！

於是我把自己的看法詳詳細細說了，在做最後努力之前，我絕不輕言放棄，雖然老師們多數還是認為我會白費力氣。其實我自己也沒幾分信心，從他老爸的觀念，從林漢文一直耳濡目染，觀念也極度偏差，我實在一點把握也沒有。

我還是和林漢文保持高度密切的接觸，只要有機會，我甚至和他勾肩搭背，希望讓他覺得老師也是哥兒們。但有一次林漢文竟然告訴我：「老師你甭擱假了啦！很噁心耶！」讓我幾乎完全失去信心，完全崩潰，我怎麼辦？這樣也不對，那樣也不對，真為難啊！

但事情改變得很突然，林漢文在一次上體育課時，偷溜出去，騎機車撞上計程車，全身多處骨折，腦震盪昏迷了三天三夜才醒過來。他睜開眼看到我，第一句話問我：「我爸媽呢？」我告訴他，他父母忙著籌醫藥費，店裡工作也忙，所以沒來。林漢文別過頭去，久久都未說話。

也算運氣好，住院一個月已可出院，只是不能走路，必須坐輪椅了，而且醫生說終生都要坐輪椅。林漢文大哭直嚷嚷不如讓他死掉，這時我也不知要說什麼好，只是陪著掉淚。

回到學校之後，林漢文變得很沉默，但同學卻十分幫他，有推輪椅前進的，有抬輪椅上台階的。林漢文終於親口告訴我：「以前我錯了！」「沒關係，你還年輕，活著就有希望。」我送他很多殘障人士的成功故事書籍給他。他父親也不再賣安非他命，簽六合彩，改行糊口營生了，他什麼也沒說，只有說：「謝謝老師！」其實，我什麼也沒做，他們只是遇到足以讓生命轉折的事件頓悟了，如此而已。

唐老師的小孩

唐老師過世了，是一個以前的學生通知我的。我問那位學生有沒有需要幫忙的？他在電話中告訴我，他們已有多位學生主動組成治喪委員會，暫時沒有什麼任務分派給我，但身為唐老師三十年以上的好友，自然應該馬上前往弔唁並看看有無雜務需要分擔。

我一面開著車子南下，一面想著過去幾十年的交往，不覺悲從中來，流下了淚水。原來三十年前，我分派到海邊這所小學時，申請住學校宿舍的很少，大部份的老師都有自己的房子。因此一排十間左右的宿舍只住了唐老師一人和我及妻子。

一段時間之後，我和唐老師慢慢變成知己，因為我們都喜歡花，尤其是國蘭，我常和唐老師一起去購買蘭花及花器。由於相處日久，相知越深，我才知道唐老師的薪水除了日常生活支出外，大部份都花在學生身上，特別是家庭貧困的學生。

有一次我問他為什麼不結婚？他坦白告訴我，他本來有一個知心的女友，但婚前自己做了健康檢查，知道自己先天不孕，不想耽誤別人，因此藉故疏遠女友，從此不再交女朋友，也沒有結婚的打算。

這一次的深談之後，我對唐老師的為人更加清楚，也知道為什麼他把薪水大部份都花在學生身上。我們閒聊時，他最常說的就是，所有的學生都是我的孩子，我為什麼一定要有自己的孩子？

我和妻子結婚了三年，一直沒有孩子，心中也十分渴望孩子，但不能懷孕，也只好和唐老師一樣想著，所有的學生都是我的孩子，為什麼一定要有自己的孩子？但唐老師知道後並不以為然，他說他是迫不得已，但我不同，他建議我要找醫生檢查兩人的身體狀況。

經過到大醫院做完全身檢查，一切都 OK，剩下的就是調養身體。有一位中醫師告訴我，樹木若長得不好怎能夠結果？但是說也奇怪，以後幾年，雖然懷了孕，都在兩三個月就流產，有一次甚至已經六個月了，還是早產，原因是前置胎盤，醫生說機會只有百萬分之一，我們為何如此倒楣？

我倆夫婦心情之差，可以想見。此時唐老師是很好的心理健康師，我們一起泡茶聊天時，他告訴我，生命中該有的終會有，生命中沒有的，就莫強求。他並且要我們夫婦放鬆心情，也許可以順利懷孕生產。

此後我們就專心教學，和學生一起玩樂，有時帶學生到附近郊遊。嘿！不去管它時，竟然蒙幸運之神照顧，順利生下兩個女兒。此後我由於專心養育小孩，帶她們學才藝、補習，和唐老師沒以前交往那麼密切，但還是知道他每日與學生為伍，過得相當快樂。

這期間，學校也曾報他獲得師鐸獎及杏壇芬芳錄之榮譽，但他都說這些都是身外物，看到學生長大成人，成家立業，心中最感欣慰。我退休搬到台北，每次回到海邊去探望唐老師，都會看到學生來看他，親同一家人。有些還會開車帶唐老師去玩，叫自己的小孩稱唐老師為爺爺。

車抵學校宿舍時，我看到一大群學生，正在忙著指揮工人搭靈堂。其中有一位姓孫的學生還全家到齊，包括老婆、小孩。他告訴我是唐老師供應他全部的學雜費及生活費，一直到大學畢業，還幫他辦了一個很風光的婚禮。

「老師，我一定要以孝子的身份送唐老師最後一程，並且要在學校成立一個以唐老師為名的基金會，獎助貧苦優秀的學童。」

我在唐老師的靈前上香並告訴唐老師，他不但有小孩，而且有很多小孩，他可以放心了。

翁排長的作戰計劃

「楊排長，昨晚到你帳篷叫不醒你，否則你就有一頓豐盛的宵夜吃啦！」一大早還在刷牙漱口，翁排長就怒氣沖沖的走過來向我嗆聲。

「什麼事啊！」我吐掉牙膏泡沫，漱了一口水。

「你還裝蒜？大家都有輪值採買的時候，你怎麼可以信口開河批評我買的魚不新鮮？」

這下子我恍然大悟了，馬上請翁排到我帳篷，把那天發生的事向他說了一遍，乞求他的諒解。

原來那天出野外訓練，回到連上吃中飯時已過了中午一點，連長早就坐在幹部桌等大家了，因為他有小吉普車可坐，回來早了一步。

「今天的魚不新鮮。」連長指著他咬了一口的白帶魚，大家忙著盛飯，也沒有人回應。此時早已盛好飯的我竟不知不覺接口說了一句：「白帶魚比較容易不新鮮，有腥味。」於是那天中餐，誰也沒有動那一盤魚。不過，晚上時，連長的傳令告訴我：「你們都中計了，連長中午獨自喝啤酒，配白帶魚呢！」

「事情就是這樣。」我很誠懇的告訴翁排長。

「那怎麼會有一個二兵告訴我，是你故意破壞我的名聲呢？」翁排長半信半疑的問。

「我想起來了，是林大城告訴你的嗎？」我終於想到那天野外訓練，二兵林大城竟然摸魚，偷偷跑到一個散兵坑哈煙。煙會往上升，他人躲著，卻很快被發現，被我狠狠的罵了一頓。

「一定是他。」我說了，翁排長沒有否認，還很不好意的跟我道歉。

「不過這小子還頂滑頭的，他知道軍中講究階級服從，不敢對你怎樣，竟然來搧動我和你發生衝突，他想看我們兩敗俱傷啊！我又沒得罪他，看我怎麼治他！」翁排長很生氣，揚言要好好修理他。

「我看算了，人難免犯錯，何況我也有不對，當眾疾言厲色訓他，他一定覺得很沒面子。」我請翁排不要生氣。

「不行，不行，怎麼可以就此算了，我一定要讓他知錯，一定要他向你道歉！」翁排長非常堅持。

「他個性那麼強，會道歉嗎？可別又惹出其他什麼事來！」我有些躭心。

「不會的，你放心，這種人不好好教育，退伍後回到社會，也是個人渣。」想不到翁排長社會責任感如此強，讓我有些羞愧。

不久，我已漸漸淡忘這件事了，突然在一個夜間訓練休息時間，林大城跑來找我，並且當場下跪，要求我一定要原諒他。

「沒那麼嚴重吧！我早已忘了！」我要他站起來說話。

「不行，排長不原諒我，我就長跪不起！」林大城哭得更是傷心。

原來林大城被旅部約談，說他在軍中造謠，讓部隊人員不安爭執，發生事故，這罪果然不輕，會判軍法的，他的一生可就是黑白的啦！難怪他要緊張。

「好啦！好啦！起來，我一定幫你說話，但你的做人原則可要真的改一改。」我把他扶起來，要他不要再哭了。「男子漢哭什麼哭？不過，你的缺點真的很嚴重，每個星期都到排長室來罰公差。」他當然一口答應，那個年代，軍法審判，可不是鬧著玩的。

「你怎麼那麼快就原諒他？」翁排長找到我，他認為人一定要有嚴重的刺激才會改，尤其要面臨生死交關。

「好，這個事到旅部把他擺平了，我們再好好教育他。」我還是太心軟了，這樣林大城不會有改好的一天。

於是林大城近兩年的時間，都在服公差，抄書中慢慢變化氣質，直到退伍前，翁排長才把他叫到面前說：「回到家鄉要真心改錯哦！」

「當然！當然！」林大城提著行李告別時說：「歡迎兩位排長到寒舍玩！」

「我們去了恐怕會挨你揍哦！」我開玩笑的說。

「不會啦！」林大城回鄉後在家鄉經營一家小店，結婚時還請我和翁排長去喝喜酒，聽親友說林大城為人誠懇善良，但願是真的。同時也讓我見識到了翁排長對林大城的作戰計劃大大的成功，難怪他退伍後在一家民營企業發展得很好，是重要幹部。

憤世生的頓悟

林漢文撞車坐輪椅之初，每天都嘟著一張嘴，一看就知道心中有巨大的恨意存在著。我每次和他交談時，他都懶得理我，上課也不打開課本，三兩天就缺課。

「漢文，不要難過了，天無絕人之路，很多身體有缺陷的人士，也都能做大事業。」我悄悄的在他身邊說。

「怎麼能不難過？我的計劃完全破滅了，這樣的身體，能幹什麼轟轟烈烈的大事？」他憤怒的大聲說。

「不一定只有那一條路啊！」我知道他指的是要幹十大槍擊要犯的「豐功偉業」。這孩子怎麼如此固執？

在一個教育研討會上，我向專家學者及官員提及這個讓我無能為力的「個案」，你猜他們怎麼回答我：「這位老師，你要多動動腦筋啊！一個好老師總要有幾把刷子啊！」標準的官腔官調。誰不知道要有幾把刷子？

幾乎有一年的時間，林漢文愛來學校就來學校，說不來就不來。來了也是一副老 K 臉，天下人都對不起他的「憤世生」的臉。還是要耐著性子，找機會切入，像武俠小說高手過招，找破綻切入。

在快要絕望時，我在凌晨三點鐘，突然接到林漢文的電話：「老師，請馬上來一趟好嗎？我家發生大事了！」我匆匆穿好外衣，來不及洗臉刷牙，就趕到林漢文家。

原來漢文的叔叔唯一的兒子撞車死了，全家陷入一片愁雲慘霧之中，他叔叔就住在漢文家的隔壁，是一家本地最大的電動玩具店。所有親戚聞訊都趕來了，包括漢文的祖父母。

怎麼會這樣，漢文的祖父母、父母、叔父母都哭得死去活來。

原來就讀國二的林漢文堂弟，在校也是玩字號的學生。同學生日，五六個死黨相約到郊區一家ＫＴＶ慶生。六人又唱又鬧，喝了好幾箱啤酒，就在開車要到外縣市去續攤時，車子開得太快，撞上安全島，飛了出去，又撞到路樹，車子斷成好幾截，六人全部死亡，屍塊散落各處，慘不忍睹。

「漢文，這時候反而不能哭，不能太傷心，要安慰祖父母，避免他們過度傷心了！」我知道這時候說什麼都沒有用。

從他堂弟車禍過世以後，林漢文幾乎每天都按時到校，而且也翻開書本，認真聽講了。一線曙光露了出來，總算有機會教育林漢文了，我希望真心的幫助漢文。

「老師，以前真的很對不起，我知道你一直沒有放棄我，但我資質太差了，真的，我這幾天認真聽課，還是有聽沒有懂。」漢文很洩氣的樣子。

「總會有路的，你缺課太多，一下子要趕上也難，何況你又對唸書沒興趣。這樣吧，我認識一家刻印、打鑰匙的店，你有興趣學嗎？」我想到那家印刻店有兩位學徒是小兒痲痺的殘障人士。現在漢文坐輪椅，也強不到那兒去，智商又沒特別高，想在學業上出人頭地也難，我就幫他做這樣的規劃。

「好啊！」想不到漢文一口答應，我就帶他去找刻印店老闆。本來刻印店老闆對漢文也有偏見，他早知道漢文以前素行不良，不太願意收，就藉口現在沒缺人手婉拒了。

漢文書雖念得不好，但還不至於笨到完全看不出老闆的用意，回家的路上，一直低著頭。那天我沒再說什麼，我早該知道結果會如此。我找個機會私下去拜訪老闆，並且強力保證不會有危險。誰願意冒那種風險？

終於漢文開始每天去學刻印、打鑰匙，學業就轉到補校，功課壓力較輕。有些時候我去刻印、打鑰匙，老闆都豎起大姆指說：「漢文乖、認真。」老闆同時告訴我他有個兒子是皮雕師，目前漢文也兼學皮雕。

「漢文，這樣我就放心了。」我拍拍漢文的肩膀：「那天你舉行皮雕展時，我一定要去參觀。」漢文眼淚掉了下來，我終於知道漢文在那麼重大打擊下，已經徹底覺悟了。但我心中還是有很大的一塊陰影，我知道仍然還有許多迷途的羔羊，他們難道也要在重大打擊下，才能頓悟嗎？我很茫然。

獨自摸黑過墳場，沒在怕？

我已經覺得未來的日子不會好過了，因此時時提醒自己要小心，因為從兩次營集合時，連長怒目的訓斥我就可以得知。

第一次，一大早營本部通知各連到營集合場緊急集合，有要事宣佈，我剛好是值星官，趕快把部隊整好，迅速帶到集合所在位置。

連長早已站在集會場前，看到我整好部隊，長上發問：「林瑞發和周來成呢？」

「兩位身體不適，我叫他們留守。」我囁嚅的回答。

「你那麼自動啊！立刻跑回去把兩位叫來！」連長大聲喝斥，我立刻往連上奔。

第二次，是旅部集合三個營九個連服儀檢查，這一次也剛好輪到我值星。有了上次的教訓，不敢再留下任何人，應該沒問題了吧？

才不呢！連長又有話了：「怎麼部隊多出一人？多難看啊！叫排尾的劉順發立刻回連上。」我又錯了，由於有採買公差，無法湊齊每一班人數都相同。連長又狠狠的把我罵了一頓：「你是青蛙啊？打一下才跳一下？」

此時我已知道大事不妙了，連長凡事找我麻煩，再不小心，日子怎麼過？尤其經常在部隊面前挨訓，以後怎麼帶這些弟兄？同時老士官們都來自大江南北，在軍中已有二、三十年資歷，太差的預備軍官他們是瞧不起的，我真的要小心了！

終於等到表現機會了，有一次營本部在山後舉行夜戰訓練，本連居然忘了帶最重要的聯絡工具：「對講機」，沒有對講機，各班迷失在山區叢林小路，如何互通訊息，說不定還會被演習的敵軍全部俘虜。

連長生氣的說話了：「只能有一位弟兄回連部拿對講機，要經過兩三公里長的墳墓區，在墳間小徑穿梭，誰敢回去拿？」一時全連鴉雀無聲，沒人敢回答。

「我看楊排長平日散漫，此刻也沒多大作為，你回連部好了，要在一個小時內回來哦！」連長語帶輕蔑的命令我。

我只好硬著頭皮說：「是！」立刻往連部奔去。

果然墳間雜草叢生，路又小如羊腸，而且彎彎曲曲，為了趕時間，只好小跑步。一不小心，踩到坑洞，往往跌了一跤。

這個墳墓在營區後面，平常士官兵放假時會到墳區旁的兩家冰果室消費，但都是白天，晚上才少人走。連上的邱班長和呂排長交上冰果室的小姐，晚上偷溜出去約會，也都結伴同行，一個人才不敢過這個大墳區呢！

沒辦法，為了搶回在連上被連長多次訓斥失去的面子，我告訴自己：「我不能怕，有什麼好怕的？」

但是話雖如此，心臟還是砰砰的跳個不停，只好一面安慰自己：「快了，就要到了！」

終於在走走跑跑之間，花了一個小時左右，回到夜戰營地。

「我們給楊排長一個愛的鼓勵吧！通過這一次考驗，他可以做一個稱職的排長了！」連長笑著說，不再是大聲喝斥。

其實，誰說我沒在怕？第二天白天休息時，我再走了一趟墳地，我跌倒的坑洞，竟然是一個金斗甕呢！

那年我心情很矛盾

遞出退休申請書的那一刻，我茫然坐在辦公桌前，腦筋一片空白。三十年，竟然在偏僻的鄉下同一個學校待了三十年。

去年放暑假前，到中國醫藥大學讀完大一課程的小薇前來辭行時說：「伯伯，我要到台中唸大二了，一年來謝謝您的照顧，我真佩服您能在這麼鄉下的地方，住了近三十年。」

啊！一個朋友的女兒，在台北唸完三年北一女，考上中國醫藥大學的醫科，只來這個小鎮住了一年，就佩服起我來了？她已習慣於台北的繁華，或不習慣這個小鎮的簡陋？

三十年就這麼無聲無息過了，記得剛來時，小鎮只有一條廟前馬路比較熱鬧，大市場也在那附近，買什麼東西都要到那兒，後來附近增加了一個小市場，大家都習慣稱呼它「新市仔」。日常用品，魚肉蔬菜都在這裡購買，人車不多，也不吵雜，慢慢的也就不覺得不方便，就這麼住了下來，工作、養兒育女，竟然也這麼過了三十年！

退休之前，回想一下同事，還覺得都滿可愛的，他們沒有大都市中爭得你死我活的習性，普遍都相處融洽，和靄可親。當然少數人對上司巴結逢迎難免，但你做你的，我不愛向上司敬酒、挾菜，是我的事，誰也不會在意。頂多事後學著那種逢迎的醜態，逗大家笑一笑，笑過了也就算了，又回到自己的工作上，安份的努力。

有一位同事常被模仿取笑，只因為他的動作常常突出而誇張。例如他本來工作時沒精打采，瞥見長官來到，馬上裝滿笑臉，一副精神十足，春風得意，幹勁十足的樣子。某次一位立委陪同上司來訪，他馬上迎到學校大門，把本來吊兒郎當的個性完全收了起來，畢恭畢敬，低首哈腰，一路陪客人走了進來，彷彿是客人的老朋友。

像這樣的情形，頂多喜歡模仿的老張，會把他瘦削的臉孔，用力的撐圓起來，有時還用兩手幫忙，把原本蒼白的臉孔，都漲紅了，弄得大家哈哈大笑，有一位姓許的同事，曾經在大都市的大公司待過,每當這個時候,都會搖搖頭說:「算了吧！老邱那種巴結功夫，還早得很呢！我從前在某公司，就眼見巴結於無形的厲害角色，那才恐怖啊！」

「對！對！我就是看不慣那些心懷鬼胎的人而來到鄉下的學校，你知道嗎？我原來那個公司居然有上司挑選下屬是擇劣汰優。」老林撥撥眼鏡，抬頭也發表了他的高見。

原來他們公司的人事課長，有一次挑了三位預備人員，試用三個月，結果課長把最優的和最努力的淘汰了，居然留下一位普普通通，卻懂得逢迎吹拍的人。他的理由是太優秀會搶走自己的位子，太努力的將來更可能是最強的對手，絕對留不得。老林搖搖頭說:「這是什麼公司啊？我當然一走了之！」

我就要退休了，三十年來對同事們的印象，竟一一閃過腦海。有幾位相處不錯的同事知道我要退休，還挽留說:「做得好好的，幹嘛退休？留下來吧！還不到屆退年齡嘛！」

也有的說：「對啦！對啦！早一點退留一點時間給自己，做自己想做的事，到處走走，看看世界各地的風光，寫寫自己想寫的文章。」平常也計劃早些退休的同事如此說。

其實我自己心情也有些紛亂，正反兩面，退或不退，都有道理。有些人甚至於告訴我：「退休的人都說，前面兩三個月還好，以後就無聊了，每天坐在電視機前打瞌睡，去找朋友，每一個人都很忙，誰理你啊！有一位退休教師每天聽到學校上課鐘都會掉眼淚，有一位退休的公務員，每天要太太拿買菜單讓他批，像從前批公文一樣。」

最後我參考了某些意見，加上自己的看法，還是決定退了，因為我在鄉下工作的關係，和一些文學、藝術活動脫節，我要彌補回來。同時自己退了，空出來的工作機會可以給年輕人加入，免得有些年輕人求職四處碰壁到處都是流浪教師。何況早退晚退，遲早都要退，反正一定要面對沒有工作如何過生活的尷尬期，不如勇敢提前面對。最主要的是我的工作性質，是教學生；學生喜歡年輕老師，適合年輕人發揮。

於是就這麼申請退休的文件一送，退了下來，海闊天空，也過了十年啦！朋友問我感想，我直說：「還好啦！這十多年來好歹也寫不少書，人生沒有空白。」

那年我們混在一起

五、六個學生來訪，年齡加起來超過三百歲，居然一起開玩笑說要來和老師「混」一天。

「老都老了，還混什麼混！」我也半開玩笑的說。

數十年前，他們都是一群所謂「適應不良」的學生，由城市名校，轉回鄉下海邊學校，當年叫做「改變環境」。想不到「改變」到鄉下學校，還是「適應不良」，又由五、六個班級，紛紛「改變環境」到我班上。

當時校長就明白告訴我:「誰說改變環境一定要換學校？換班級也是改變環境啊！」校長是一個觀念很新的人:「標準是什麼？這些學生的功課在城市落後，在我們這裡卻超出很多，好好動動腦子，不要死板板，有一間專門收容適應不良學生的學校為何關門？就是太死板了。看看『六壯士』那片電影吧！什麼人材用在什麼地方，什麼人材用什麼方法培養，要靈活一點哦！」

校長的話還在耳邊，這六位學生已是五十多歲的人了，在社會各行各業都有良好發展。時間過得真快啊！我注視著六位同學，已然看不到當年調皮搗蛋的樣子，而是飽經風霜的幹練。

那時這些學生不是抽煙、打架、到彈子房，就是混幫派，許多小說、電影都有描述過，一般人都有深刻的印象。任何老師，班上只要有這種學生，都頭痛萬分，首先想到的就是：「班上沒有這幾位學生，那該有多好！」然而，學校中的問題學生，走了一批，又來一批，永遠不會根絕。但大家都沒有想到，如果好好陪他們渡過這段尷尬的年齡，將來到社會之後，正常的人還是居多，當時我就是抱著這種想法，和他們在一起「混」，難怪數十年後，這六位學生竟然回來找我「混」一天。

當年我剛從高師畢業，服完兵役，來到這所海邊的鄉下學校。沒有和其他的老師一樣服裝筆挺，而是穿著學校時穿的大學服去上課，許多家長都紛紛向校長反應:「怎麼請一個小孩子來教書？他會教嗎？」但也由於我像小孩子，和學生相處良好，獲得校長的信任，才給我很大的寬容，允許我和學生們「混」。

我有一間單身宿舍，只有一廳一房，但他們六人隨時可以造訪，可以在裡面唱歌彈吉他，可以看電視泡茶，唯一不可以的就是喝酒。我告訴他們我有酒精代謝不全的毛病，喝了會掛掉，其實天曉得我和老朋友偶而也喝一杯呢！

他們大都喜歡寫詩，因此我建議他們辦一個油印的小詩刊，叫「沙崙」，因為學校本來是溪洲沙土，不毛之地，填土蓋成，前面的校友都戲稱學校為「沙崙」，用這個名稱寫稿就由比較有才氣的大牛、小牛負責，大頭和小豬就負責刻鋼板油印，竟然也忙得不亦樂乎，搞得有聲有色。

他們有時心情難免會不好，我就帶他們到學校附近的溪畔防波堤看流水，聊天抒發心中的悒悶。其實他們的悒悶有時是沒來由的，有時是對社會、家庭、學校的不滿，讓他們說說，發洩發洩，也就沒事了。

有一次其中一位叫清芳的跑來告訴我說，附近商校有一位國文老師，自費辦了一個報紙型的詩刊，言下之意，頗為激賞這位老師。經過聯繫，竟然是我高師的學弟，於是引薦他們認識，這些學生又有了一個去處，身心更易獲得安頓。

正在回想間，其中一位叫小白的學生叫了我一聲「老師，當年那位校長還在嗎？我們想去找他表示感謝！」小白此時應叫老白了，現在開了一家出版公司，雖然辛苦，但還過得去。

「聽說和兒子移民美國了，我也不知道在那一州，不過你們真該感謝他，如果他不讓我降低標準，和你們混在一起，你們也會畢不了業！」我笑對小白說。

「真的，那時你很少責罵我們，頂多和我們聊聊，希望我們換個立場想。」大牛接著說：「其實後來我自己當了老師，別人指責我的班學生表現不好，我也會很生氣，想當年您為我們擔待了多少事，這是我永遠無法忘懷的。」

「我們真幸運，遇到那位開明的校長和沒有架子的老師。」年齡都超過半百的學生異口同聲的說。

「其實最幸運的是那個時代，如果換成現在，說不定是校長下台一鞠躬，老師記過呢！」我說著，舉起茶杯，和六位學生喝了，「今天我們好好混一天，說什麼都可以！」

新疆之旅趣味多

這一趟新疆之行，真是讓人大開眼界，所有團員都讚不絕口，甚至日後聚會都以「新疆幫」互相調侃，樂不可支。

時間大概是八月底到九月初的十來天吧！反正領隊說這是每年旅行新疆的最後一批遊客了，過了這幾天，就是新疆旅遊的淡季，由於天氣的關係，往往大雪冰封，沒什麼旅人到來。

一行人從桃園機場，經香港，先到達北京，和一些文友見面座談，照例尋訪北京名勝、登長城，第三天才飛往烏魯木齊。

一到烏魯木齊，把每一個人都嚇呆了，竟然像台北城一樣繁華，大大顛覆我們以往的「邊疆」印象。光我們住的飯店就像台北的高樓，我沒有瞭解到底有多高，但光我住的房間，就位在第二十三層，而且飯店窗戶看出去，到處都是高樓大廈。飯店前面不遠，就有一條夜市街，燈火通明，人聲鼎沸，我心想，這那裡是我讀邊塞詩詞中的化外之地？

烏魯木齊的人口幾百萬人？我沒詳細考究，不過我們去的那年，據說約有二百多萬，大概和當年台北城人口差不多。有各種族的人都在這城市雜居者，感覺他們都十分熱情。剛到的那天，就以唱歌、跳舞歡迎我們，維吾爾族人讓人印象最深刻。

到新疆，最大的感覺就是地大路遠，我們每天要坐在車上跑七、八百公里，才能到魔鬼城、樓蘭古城、克拉馬伊石油城，和喀納斯湖、賽里木湖等風景區。導遊說，新疆約有台灣的五十多倍大，雖有高速公路，但每天也只能跑一點點。甚至於我們到達伊犁之後，要再回到烏魯木齊都改搭飛機，才能趕在旅遊計畫時間內，搭機回台。

十幾天旅程中，對克拉馬伊和魔鬼城、喀納斯湖印象最深。先說克拉馬伊，都市規劃之漂亮，環境之整齊，馬路設計之有條理，令人讚嘆。原來克拉馬伊是黑油之意，當地是石油城，頗為富有，因此馬路開得大又直，分人行道和車行道，且分隔島上還種花，既安全又美觀。

遊喀納斯湖時，不巧遇雨，又被船夫擺了一道，有些掃興。本來下雨時，美麗的湖面已有些朦朦朧朧，坐上船不久，船夫說船票的價格只開離岸邊十公尺，若要再前進，要再加錢，天啊！居然有這樣耍我們的。一行人不願加錢也不願跟他爭執，只好悵悵然下船。

由於又撐傘又爬坡，老作家張老師覺得胸口發悶，非常難過，我趕快取出自己常備身邊的舌下片讓他含在口中，一下子人就舒服多了。然而，有一位年輕的女詩人竟說：「藥不可亂吃啊！」這下子張老師急了，問我是什麼藥，有無損害身體之虞，讓我覺得自己做了濫好人，非常尷尬，一再安慰張老師：「沒關係，沒關係，那是急救用的藥叫做舌下片，可以防阻心肌梗塞，不會傷身。」天知道會不會傷身？以後不再如此魯莽就是了，這也算是教訓吧？還好，沒出什麼意外！

不過張老師在伊犁機場上飛機時，被大陸旅客衝倒受傷，張小姐還不是拿消炎止痛的藥讓他服用？否則人在外地，看醫生不便也要花大錢啊！那些旅客和我們有些不同。他們既不託運行李，也不排隊，上機之前，場面十分混亂，難怪年逾七旬的張老師，會被撞倒，而且受傷腳腫了起來，非常嚴重的樣子，還好，張小姐備了不少急救藥物。

伊犁的文友十分熱情，在伊犁河畔某餐廳設宴款待我們，又是唱歌，又是喝酒，也有人起來跳舞，十分盡興。只是他們太熱情了，頻頻勸酒，男詩人還好，一位年過五十的女詩人不敢多喝，只好以懷孕為由擋酒，大家一路上都引為趣談。

另外一次最感人的晚宴是烏魯木齊的文友設宴接待我們，時間是我們從伊犁飛回烏魯木齊的晚上，不巧班機誤點，竟讓烏魯木齊的文友，在飯店等到凌晨一點，我們才到達。旅程雖困乏，但看新疆文友之熱情，從下午五、六點等到凌晨一點，如此盛情，我們怎敢不打起精神？

這樣旅程一飛就是幾千里，車一開就是幾百里，所見不是一片無垠的沙漠、石頭，就是終年白頭的大山，文友又一路上說說鬧鬧，說笑不斷，且有魔鬼城之神奇，坎兒井之巧思，讓人回來多年，還想再去一趟呢！

蔡校長讓我們流淚

我沒有讀過蔡校長擔任過校長的任何學校，但我對蔡校長由衷的欽敬是在看了某電視節目的人物介紹之後，才進而認識他，瞭解他。

那是一個寒冷的冬夜，我正躲在客廳的沙發上，腿上還蓋著厚毛氈，看著某電視台記者正在某國小的值夜室訪問一位值夜工友。

這是非常普遍的工作，有什麼好訪問的？我心中咕噥著。然而，就在此刻，記者突然對被訪問的老人問了一句：「你不覺得委曲嗎？」

「怎麼會呢？任何工作，只要對社會有貢獻，都不會有委曲之感。」老人為記者倒了一杯熱開水。

「但是，你以前是這個學校的校長啊！」記者進一步的追問。

「校長和工友都是為學校、為學生、為社會服務啊！」老人淡淡的說。

原來蔡校長是這一所小學的退休校長，學校的值夜室找不到臨時雇員看守值夜室，夜晚巡視校園，蔡校長自願回來擔任，每月只有九千元。在民國七十幾年，房地產正在起飛，我找水泥工整修房子，師傅每天要三千多元，小工也有二千多元，還管吃午餐和早晚二次點心，如此辛苦而錢少的工作，難怪找不到人。

從那次看完電視之後，我對蔡校長願意以校長之尊，屈就值夜室的工友，令人由衷的敬佩，印象深刻。

有一次我在路上，碰到蔡校長騎著腳踏車，挨家挨戶的送報紙，心裡覺得奇怪，便和他打了一下招呼，順便問問他送報的情況。他說這個報紙的副刊水平不錯，可惜鄉下人誤以為是某一個政黨的宣傳報，很少人訂閱，他為了推動文化紮根，拼命向認識的鄉親說服，總算有一、兩百個訂戶。

「原來如此，太令人感動了，我也訂一份。」我當場寫下我的名字地址和電話，從此也常找他聊天。後來更得知他早在多年前就退休了，原來公務員薪水千把元的時候，他的優利存款利息就有二千多元，如今大家都上萬元了，他還是二千多元，為了不增加子女負擔，送送報紙，當當值夜工友，靠勞力賺錢，沒有什麼面子不面子的問題，他這樣和我閒聊著，心情十分平靜。我對他看得開，對人生沒有什麼抱怨計較，覺得有讓我學習的地方，於是更增加了拜訪他的次數。

有一次我到值夜室找他喝茶，他竟然不在值夜室，只有一位年輕的男老師，暫時來代理他巡視校園。

「他說外出一、二個小時，如果有人找他，就告訴他這個地址。」年輕的老師拿了一張寫有某鄉某路某號的地址給我看。我當場記了下來，並決定前往一探究竟。

按址找到這一戶人家，紅色老舊的木門虛掩著，我敲了敲木門，一位年輕的中學生前來替我開門並問我找誰。

「蔡校長在這裡嗎？」我問。

「有，有，他在裡面，請進。」學生有禮貌的請我進屋。

「蔡校長，你果然在這裡。」我一進屋便大聲叫他。

蔡校長用手在嘴巴上比了一下，暗示我小聲。原來他是來探望一位生病的老者，老者的孫子是蔡校長學校的畢業生，正在高中就讀，家境清寒，父親早逝，母親改嫁，正由年老的阿公撫養照顧，阿公每日靠撿回收物品換一些生活費，蔡校長得知，經常濟助他們。最近老者生病，不能工作，沒有收入，蔡校長把剛領的值夜費和送報的收入，送了過來，並要老者安心養病，這下子，更讓我知道蔡校長果然不是普通人。太神奇了。我那天想了很久，這些看似平凡的舉動，卻不是每一個人都可以做到的。

有一年南師校慶，許多校友都會從各地返回學校，一方面看昔日的老師，也可以會會當年的同學。學校往往依行政、學術、文藝、奉獻等項頒獎給傑出校友。頒獎會上，蔡校長居然也坐在上面。

原來，蔡校長年年捐獻給學校各種款項，包括校友通訊的出版費，今年又捐了一台全新的鋼琴，校長在頒給他獎狀時，激動的說：「我們早就想頒獎給蔡校長了，他每次都婉拒，認為他做的事情微不足道，但這一次我千拜託萬拜託他才肯前來，為的是以後的拋磚引玉，讓人跟進，就是這樣才說服他的。你們知道嗎？他每月正常收入才二千多元，其他都是靠值夜、送報而來…」校長哽咽了，幾乎說不下去，我也不知不覺淚流滿面。

小鎮醫生的愛

「早啊！陳醫師。」鎮上每一個人遇到陳醫師都會和他打招呼，陳醫師也會熱烈回應：「早！早！」

原來幾十年來，陳醫師在小鎮上行醫，只要遇到貧苦人家或臨時不方便的患者都沒有收費，患者什麼時候方便，什麼時候送來都可以。有的甚至一直欠著沒還，陳醫師也沒有追討。但是這些患者也不會平白受惠佔便宜，種田的常送米、地瓜、蔬菜，抓魚的常送魚蝦、螃蟹，彼此像是一家人。

我認識陳醫師是在剛到這個小鎮的小學校不久，他以家長會長的身份請老師們在小鎮的某個餐廳吃飯，他矮胖的身材，和靄的笑容，讓我印象深刻的是對新來的老師表示歡迎的話：「謝謝啊！我幫這些鄉下孩子感謝您，這麼偏遠的鄉下，很少人願意來呢！」

說的也是，當年畢業時，很多同學第一志願都到大都市，只有少數回鄉下任教，原因很多，交通、生活不便外，孩子的程度差也是一大原因。陳醫師據說回鄉行醫時，也是醫科畢業生的少數，但他常說：「不能像史懷哲到非洲行醫就已經很遜了，沒有什麼好提的。」十分謙虛。

有一次我和同事聊天，才知道陳醫師沒有小孩在這個學校唸書，他是認養其中一位貧困學生，當他的乾爹而成為家長會長的。這樣他可以方便知道學生中有那些小孩需要幫助。他常說：「我取之於這個小鎮的很多，回饋給這個小鎮的卻很少。」

陳醫師的兒子學音樂，留學國外回來，在大學音樂系任教，常回鄉義務指導小鎮上有音樂天份的學生。最近幾年聽說和國外的音樂界有聯繫，常把鎮上的學生送往國外深造。這其中所需的費用，如果家長負擔不起的，往往由陳醫師補助。陳醫師也培訓了幾位社會人士前往照顧小孩子們的生活，使家長不必耽心小孩子在外的風險，小鎮上的人，都對陳醫師這種愛心十分感佩。

沒有機會到國外深造的，陳醫師也為他們組織管弦樂團，透過兒子在音樂界的關係，請人前來指導，並讓這些學生有到各地演奏的機會，培養能力和信心。這些學生後來到各地區教音樂，也培育的不少人才，陳醫師相信：「這樣一代一代下去，音樂終究可以變化人心啊！」他如此說。

看診時間之外，陳醫師也喜歡到運動場跑跑，運動運動鬆懈一下身心。我在下課後也常到鎮上運動場快走，這時常會遇到陳醫師拿著馬錶替喜歡賽跑的鎮上學生量時間。

我問陳醫師這樣替他們量時間，對他們的比賽成績有沒有用？陳醫師笑笑回答我：「好玩嘛！我也不知道。」我又問了賽跑的學生，學生說陳醫師量時間，讓他們知道有沒有進步，讓他們訓練時知道以什麼方法、腳步去訓練賽跑，時間會有變化，知道改進訓練方式，可見是有效果的。

鎮上的人對陳醫師最感佩的是他奮不顧身救人的事。某日深夜，有患者用力敲陳醫師的門，原來有位老人病危，鎮上沒有任何診所願意收留。陳醫師一看馬上打電話叫救護車，一方面施行急救，直到救護車到來，陳醫師還一同陪伴，前往都市大醫院治療。

康復時老人前來致謝，陳醫師並不居功，直說：「好了就好，我只是盡一個醫生的職責而已。」並和老人聊天，告訴他一些保養方法，一有不舒服，應立即就醫，不要拖，許多病都是病人拖太久才變成無法醫治。

其實鎮上的人都知道有很多診所怕麻煩，都以設備不夠為由，拒絕病人，陳醫師的愛心，使他不會去耽心害怕這些。

鎮上還傳說陳醫師有一次看病時遇到一位病人，這位病人說他胸部疼痛，掀開衣服，裡面竟是一支手槍。原來是一位通緝犯，要來勒索跑路費。

「醫師，這裡痛要吃什麼藥才會好？」通緝犯指著槍說。

「你這種病不必吃藥，多做事，勤勞一些就會好。」陳醫師笑著，並按下個號碼的燈號，請下一位患者進來。通緝犯看沒有機會，也不願引起大家的注意，摸摸鼻子就走了。

有人向陳醫師求證此事，他都說：「我那有這麼神，這麼勇敢，臨危不亂，別瞎扯了。」

總之，沒人知道此事之真假，但陳醫師的愛心，小鎮上的人都感受得到。

小女孩爲我們撐船

那年我遇見她的時候，外表看來只有十歲左右，在一條小河邊駕著一艘竹筏。我們旅行隊中，喜歡刺激的蔡先生問她:「坐一趟多少錢？」她說人民幣五元，我們便坐上了那艘竹筏。

「妳會駕駛嗎？」坐上竹筏之後，我才突然想到安全問題。

「沒問題，我已經在這裡撐船好幾年了！」一副十分有自信的樣子。伸手拿起一根長竹竿，握住一頭，把另一頭往水中插，然後用力一撐，船果然往前行駛。

「妳多大了？怎麼可能已經開了好幾年的船？」我還是有些不放心，同時也有些好奇。

「不告訴你，那是秘密，你不知道問女生年齡是很不禮貌的嗎？」她一面用力撐著竹竿往前，讓竹筏也能前進，一面把嘴巴一翹，不願回答我的問題。

「哦！對不起，妳不過十來歲吧！小孩子怎麼可以拒絕回答年齡！」我還是不死心，繼續追問。

「不止了，你不可以看外表論斷一個人，這叫做以貌取人。」說話的樣子果然不像十歲的小孩。

「那麼妳告訴我，妳在這裡駕駛竹筏好呢？還是去上學唸書好呢？」我想到了剛才在遊覽車上，導遊，當地叫地陪的告訴我們，她們每個月要扣一些薪資去替家鄉的小孩爭取上學的機會。她還說，這裡很窮，每人每年生活費不到台幣一千元，小孩沒有唸書，營養不良，看起來比實際年齡矮小很多。

「當然想去上學啊！許多遊客告訴我，沒有上學，永遠沒有辦法脫離貧窮。」看她那麼靈精，又會說話，看來是與遊客交談中學到不少。

「不要站起來，那位先生，這樣竹筏會翻過來，你會掉到水裡。」蔡先生看到小河岸邊的同伴向他揮手，他也站起來跟他們揮手，此時竹筏就明顯的晃動。

「好！好！」蔡先生趕忙蹲了下來，可是他太胖了，又蹲得太旁邊，竹筏晃動得更厲害。

「不要怕，我先靠邊，這旁邊有一塊沙地，可以下竹筏，這樣就安全了！」小孩用力把竹竿往河中心插，而且往旁邊一頂，果然竹筏就往沙地靠了過來。

「先不要下竹筏，等我把它靠近那些長草的地方，那裡比較硬！」還沒說完，蔡先生一緊張，已經雙腳往沙地上一跳。糟糕了，竟是一塊流沙地，蔡先生的雙腳已經陷在泥沙中約一台尺那麼深，且一動就往下沉一些。

「先不要動，身體往沙地上儘量平躺俯臥，我來想辦法。」她一點都不會慌張，把竹筏一頭靠近長草的地方，讓我下船，一面尋找比較靠近蔡先生的硬土壤。一方面用竹竿去試看看能不能讓蔡先生抓到竹竿。

試了好幾個地方，都無法讓蔡先生抓到竹竿，而且眼看著蔡先生的腳又下陷了一些，情況越來越危急。

「對了，你來幫忙把竹筏拉到這片沙地邊。」此時我只能聽她的命令了，彷彿她是大人，我是小孩，同時體會到死讀書無法解決人生許多無法預料的危機。

「來，我們一齊用力把竹筏先往那裡靠。」由於竹筏是長條形的，已十分接近蔡先生了。

「來，你拿著竹竿，走到竹筏那頭，這樣就可以讓他抓到竹竿了。」她大概也覺得我是大人，比較有力量可以拉起蔡先生。

果然，老蔡一抓到竹竿，我用力一拉，就輕輕鬆鬆的把他拉靠近竹排，解除了危機。

「我載過的客人，就屬你最不聽話。」小朋友嘟著嘴指責老蔡。

「不好意思！」老蔡從滿是泥巴的西裝長褲中摸出一張百元人民幣遞給她：「算是向妳道歉！」

「謝啦！」我一個月都不用再來這裡工作啦，這一筆錢就夠我養家了。那是一九九一年，中國大陸工資每月約一、二百元的時候，鄉下生活費更低。

「我說你們要注意安全，你們都不聽，還好，沒丟了小命！」導遊有些生氣，難怪在太湖邊，由於水災的緣故，導遊禁止我們去乘船遊湖，都是一句話：「你們的安全，我要負責啊！」

事過二十年，那趟驚險的竹筏之旅，至今還無法忘懷，不知蔡先生，不，老蔡是否已忘記？

養豬的老士官

我之所以認識養豬的老士官林阿水，是因為我剛從步校結訓，最先被派到桃園大湳，卻在一個月的職前教育後，又被派到遠在宜蘭金六結的獨立旅。那是四十年前，鐵路沒有電氣化，還聽都沒聽過雪隧的時代，我家又在中南部，回一趟家，從晚上八點多坐車到台北，再輾轉南下，往往已是第二天早上六七點。當時我心情的確十分不舒服。

那時林阿水是第一個跟我打招呼的老士官，矮胖的身材，肥嘟嘟的大臉，一副很純樸的樣子。他說：「排長，我知道你們預官派到這裡，都很痛苦，已經有很多年了，你不是第一個讓我看到哭喪著臉的預官。」

「怎麼會不痛苦？」我拿出我的派令要給他看，想跟他說明我痛苦之外，還有不滿。因為原來我分發在桃園大湳，離太太娘家新竹很近，回自己老家北港也不遠，如今被貶到這麼偏遠的地方，怎能不痛苦？同時原來派令前二十二名預官，分發到宜蘭，卻在第四位韓大偉下面直接改派桃園大湳，然後剛巧我排在最後一名，直接在下面改派宜蘭。打聽結果，原來韓大偉的父親是中將，位居要職，動用關係，直接改派，以方便回台北住家，我當然越想越氣。

「你看，這個第四位和我最後一位，直接在名字下面改派，連順序都不動一下，簡直吃人夠夠！」我指著派令上的名單說。

「我不認識字，只會寫林阿水三個字。所以當兵到現在，只能在伙房或養豬場。不過我懂你意思，這每一梯次預官都有。你也不用太傷心，這裡天高皇帝遠，師部遠在桃園，宜蘭是獨立旅，只有三個營，說不定請假回家還比較方便。」林阿水純樸的樣子果然沒有騙我，除了有特別任務，我幾乎每個月回家，周六晚上坐宜蘭八點四十八分的平快，經台北，回到嘉義剛好早上六點，再坐客運回北港，下午坐嘉義一點多的火車北上，晚上剛好回到宜蘭，摸黑進營房，總算日子過得還可以。

由於林阿水的表示友善以及他純樸的個性，沒事我常找他聊天，知道他的身世十分可憐，從小不認識字，有一次在街上買東西就被抓來當兵，家人從此失去聯絡。但他很認命，說做伙夫就做伙夫，說叫他去餵豬他就去餵豬。我和他建立了不錯的友誼。

「排長，你們大學一畢業就當排長，我們幹了一輩子還是老士官，你有什麼可以贏我嗎？來來來，我蒙上眼睛讓你，我們比賽槍機的拆卸組合，我一定勝過你。」老士官王明聖正在中山室看電視，看到我也前去看電視，馬上向我挑戰，他對預官當排長，十分不滿。嘴裡常碎碎唸，什麼訓練不夠，浪費糧食官餉等。

「王明聖，你又來了，你總是來那一套。好了，我跟你比，我們兩個都蒙上眼睛，如何？誰也不必讓誰？」林阿水知道王明聖從以前就喜歡欺負預官，所以站出來挺我。

「來啊！誰怕誰？」王明聖不堪被激，馬上拿來兩個槍機，他是軍械士，天天摸槍，我真怕林阿水不是他的對手。

出乎意料之外，林阿水居然小勝幾秒，實在不容易。我們回到他養豬的地方，我馬上問他原因。

「你知道，王明聖天天摸槍械，對槍機的分解組合十分內行，常常愛現外，又欺負預官，想讓他們下不了台，不敢管他，所以我有空就練習，直到速度比他快一些時，早就想教訓他了。」林阿水外表純樸，倒還有一些心機。

「那他每天練習，你也每天練習，你怎麼知道一定可以勝他？」我還是有些疑問。

「他啊！自從他每次都把預官比下去，就自以為天下無敵了，那裡會再練習？」林阿水好像十分了解王明聖。看不出純樸的外表之外，還會動腦筋，且十分細心，真是人不可貌相啊！

「我告訴你啊，王明聖在槍械上敗下陣來，一定不服氣，他還有一個專長，就是下象棋，你會下嗎？好好研究一下，那一天，殺殺他的銳氣，滅滅他的威風，他可是我們營裡的第一高手哦，許多預官都敗在他手下。」林阿水拿出一副象棋，要我多訓練，尤其要研究棋譜。因此我有事沒事就研究棋譜，知道宜蘭市區那裡有棋社就去請益，希望有一天王明聖向我挑戰時，可以一展雄風。可是直到我要退伍，王明聖都沒有再刁難我。我拿著行李要退伍離營時，王明聖向我道別：「排長，那天到府上找你下象棋哦。」原來，王明聖早就知道我在防著他。我對他說：「好啊！歡迎來玩！」

第四輯

閱讀的美麗歲月

在文學大海中探索人生

— 高雄文學館演講稿

一、文學書寫的分類

寫作可以分為專業寫作和一般寫作。

專業寫作指作家寫的詩、散文、小說、戲劇、評論…等文章，是本文討論的重點。

而一般寫作指的是一般人用來寫信、記事等書寫，這也是一般學校訓練作文的最粗淺訓練，只要文筆通順，能表情達意即可。

二、一般寫作趣談

但你也不要瞧不起一般寫作，例如以前許多人不會寫信，往往要別人代寫，找不到親人或熟人代寫，還要花錢請專業的代寫人寫。我服兵役時，就有一位士兵，人高馬大，長得很帥，可惜不會寫信，交到女朋友，常要我代為看信和回信。有一次我就開他玩笑：「這下長得高，長得帥沒用了吧？還是乖乖叫我幫忙寫信。」他只有在一旁苦笑。

然而，你別以為他就此服了你了，有一次，我要拿一件放在高架上的東西，找不到梯子或高腳椅，請他幫忙拿下來，他腳尖一踮，伸手一拿就到，但拿給我時，他說：「這時會寫信就沒用了吧！」一報還一報，我們兩人相視大笑。

話說不會寫信，還有不少趣事，例如曾國藩跟太平天國作戰，有一位部將鮑超被太平軍包圍，十分危急，立刻要求支援，叫文書寫信求救太費功夫，鮑先生就大大寫了一個鮑字，加上好幾個大圈圈，立刻派兵送出城去，太平軍的守衛一看，不知其所以然，就讓他出城了，因此湘軍很快來援，救了鮑超的部隊，試想如果是寫得工工整整的求救信，豈能讓他出城？

還有一個笑話，一位在前線作戰的阿兵哥，有一天收到一封太太寄來的信，拆開一看，只有一些大圈圈和小圈圈，這位阿兵哥當場淚流滿面，排長拿過來一看，莫宰羊，不知道這位阿兵哥哭些什麼，就問阿兵哥，信上也沒寫什麼，你怎麼哭得如此傷心？

阿兵哥說：「太太不識字，只能用圈圈表示，信上乃是相思之意」，大意如下：

欲寄相思無處寄，畫個圈兒替；大圈兒是我，小圈兒是你，無盡的相思，一路圈到底。」

排長十分感動，立刻報告連長，放他兩天假，回家探親。

當然，如果能夠寫作，生活起來還是比較方便。前不久，報上報導，有一位七十幾歲的阿桑，因不識字，自己當互助會會頭時，會腳的名字，只好畫圖代替，賣檳榔的阿義仔只畫幾粒檳榔，賣水果的阿川就畫幾粒水果，其他的人也都以其行業或特色，畫上代號，竟然幾十年下來，沒什麼問題。

話雖如此，在現代生活裡，不論要做什麼都得動筆，所以在大、中、小學都有作文課，深的如論文，不但訓練表達能力，也可知道你讀書的活用程度，普通的如記敘文，寫寫日記，記錄生活作息，通信等都要用到一般寫作。尤其參加各項考試如高普考、升學考等，都要考作文或公文寫作，如能好好訓練寫作能力，在考試得分上，十分佔便宜。

因此平時訓練寫作能力，對生活上的幫助很大，不一定要當專業作家才寫作。

三、如何訓練寫作

至於要如何訓練寫作能力呢？

不外多讀、多寫。多讀就是讀名著、文學期刊、報紙副刊。讀名著，因經過時間的篩選，一般都有不錯的水準。文學期刊、報紙副刊也經過專業編輯的挑選，一般都在水準以上。尤其當代人所寫，思想、文筆都不會嫌太舊。

而多寫，除了學校的功課作文課外，最好的方法就是天天寫日記，把每天比較特殊的生活記錄下來，久而久之，文筆也可以訓練的很好。

到各處演講，經常碰到來賓發問：如何尋找靈感？

這是一個非常有意思的問題，作家不是完全靠靈感寫作，也不是完全不需要靠靈感寫作。然而，生活經歷卻是靈感的重要來源。

寫作者有些人天份很好，很會編故事，創造故事，例如封神榜、西遊記、哈利波特…還有一些科幻小說。但這些作品，除了作者的想像外，有許多還是從他們的生活體驗，所思有感，加以改編而成，這樣才會成為有血有肉的作品。

四、專業寫作的類型

有些則靠訴說經驗，例如龍應台寫她的「大江大海一九四九」，本身沒有經過那個國共戰爭的時代，就只好尋找當年的老兵，做實地的訪問，齊邦媛的（巨流河），也是生活經驗，因她年齡較大，和王鼎鈞的回憶錄一樣，除了本身的經驗，一定要再加上一些已經有的文字記載，也就是要收集資料，補充自己的生活經驗。

農民作家吳晟就寫生活經驗的鮮明代表，由於他陪母親做農事，所寫的「農婦」刻畫生活入骨，絕非表相描寫，因此他的「田水冷霜霜」就選入國文課本中。描寫父親為子女承擔辛苦的詩作「負荷」，也選入課本，博得好評。其他還有很多作家，生活就是他寫作的礦源。

然而，每天的生活，經歷的事情很多，日久淡忘也是人之常情，林文義就隨時攜帶一本筆記本，把重要事件記錄起來，將來寫到某一日、某一事件，拿出來參考，既不會錯誤，內容也可以較詳實。因此，有些作家寫遊記，除了出門前準備功課外，到了當地還要搜集一些有關的介紹、文史資料、寫起遊記來，內容詳實，生動有趣。

辛鬱替文訊寫一些「詩友、文友」的雜憶文章，當年的資料絕不可少。有些照片甚至已塵封數十年，拿出來除了佐證當年事件外，也可以提醒一些記憶，幫助文章的完成。

然而，生活上的資料雖豐富，如果是純記錄，像記流水帳，讀者讀來就十分乏味，也可以加以生動化、幽默化、特殊化。管管的自述簡介就是，例如：「管管，本名管運龍，中國人，山東人，膠縣人，青島人，台北人。（1979 年九歌出版，《月亮請坐》封底介紹）。寫詩三十年，寫散文二十年，畫畫十八年，喝酒三十一年，抽煙二十六年，罵人四十年，唱戲三十五年，看人四十年十個月，迷信鬼怪三十三年，吃大蒜三十八年另七天，單戀二十九年零二十八天，結婚八年，育一女一子。好友三十六，朋友四千，仇人半只，最近還擔任電影《六朝怪譚》的男主角。」十分新奇特殊，博得眾多評論家的欣賞。但是這種寫法如果用在一般履歷表上，恐怕就不太適宜。

古蒙仁也寫不少生活經驗的散文，報導文學，最近他寫一篇「離巢前奏曲」（99 年 4 月 25 日聯副）把小孩離開父母，老家中只有兩老的情形，寫得很生動，把現代社會的共相寫了出來，讓人心有戚戚焉。

張輝誠的散文，描寫他不識字的母親，寫來也生動異常。這是一九四九年以後台灣的普遍現象，不識字的母親配上隨國軍來台的「老兵」，父親比母親大十九歲，張輝誠戲稱「番薯仔」配「外省仔」，因生活背景、教育、思想都不同，爭執不斷的故事，充滿在他的兩本散文集《離別賦》和《我的心肝阿母》書中。書中充滿阿母的台語口頭禪「我父我母」、「三八囝仔」、「無效（孝）啦，某生耶」、「我會乎你害死」讀來真是有趣，因此要寫日常生活，絕不可記流水帳，要把特殊、有趣的寫出來。例如他寫只讀過二年書的父親，卻能在二十四年軍旅中，把中醫漢藥、三國故事、太極拳法、傳統書法教給張輝誠，讓他在學校教育之外，有很難得特殊的家教，這也是他讀國文系，國文研究所的基礎和原因。這些質素，正是余光中為文評他的散文，最最欣賞的地方。

他寫這兩本書除了描寫雙親的身影外，也有些「半自傳」的味道，一般自傳都寫好的，比較乏味，張輝誠寫得很真，並未「隱惡」，也不「為長者諱」，生動逼真。這也是把平凡事情特殊化處理成功的例子。他不像現代文學的主流，強調階級鬥爭、強調代溝與孤絕、強調族群對立，他寫出人性的寬容與同情，生動、幽默、洋溢著孺慕的人性光輝與赤忱，在今天看到殺父、殺母的新聞不斷時，讀到這種溫馨感人的文章，十分享受。相信喜歡他的讀者，一定很多。

再舉一個散文作家邱坤良來說明，他生於一九四九年，法國巴黎第七大學文學博士，曾做到台北藝術大學的校長，出身南方澳，所以一本《南方澳戲院興亡史》寫得讓人愛不釋手，那時候的布袋戲團演出情形，他寫得讓人感到如在目前。

我最記得他寫小學同學「澎湖蚊子的一生」，這一篇文章，從題目「蚊子」就讓人好奇，原來他的同學名叫「文子」，和「蚊子」同音，同學戲謔叫她蚊子，由於長得高就叫她長腿蚊子。

作者說他在看三十多年前的小學畢業照，發現蚊子是全班最漂亮的女生，就說「以前的眼睛真是給蛤肉黏住了」說得很真切，在生活習慣上，我們常抱怨「給蛤肉黏住了」用來形容看走眼。

由於善用俚俗語言，讓整篇文章變得十分生動，而這種俚俗語言，正是從生活中獲得的。如果不懂那些在底層社會生活中的人，在讀到如「不死鬼」這種罵人是「輕薄鬼、色鬼」之意的話，可能聽成不會死的人，意思就完全走樣了。

例如最近兩岸交流頻繁，寫兩岸的文章自然會增多起來，如果對兩岸用語不同沒有深入體會，笑話就會百出，例如很感冒－很感興趣，窩心－很悶，傍大款－釣凱子，穿小鞋－背後說壞話，很瓜－很傻，憤青－偏激者…等，都是需要由生活實際經驗中獲得。

五、環境影響寫作案例

另外生活環境也影響寫作。

例如以前我在高師唸書，有一天到國文系主任胡自逢家請益，看到他正坐在大桌子上的小桌寫稿，下面小兒子就在桌子底下叫爸爸，原來小兒子會影響他寫作，又是搶筆，又是拉稿紙的。

因此齊邦媛在寫作《巨流河》時，就搬到老人養生村去住，以便專心寫作，他兒子反對說這樣會讓人以為兒子不孝順，但齊教授說人只有死了才上天堂，住在家裡像個天堂，做不了什麼事，果然住了六年左右吧，這一本《巨流河》巨作就完成了，與龍應台的《大江大海一九四九》及王鼎鈞的《回憶錄》，號稱三部國共內戰的堂堂巨著。

所以寫作與生活的關係密切到除了影響寫作的內容外，寫作的完成也深受影響。

因此，以寫作為職志的人，都會把生活內容當做寫作的礦源。那麼要如何從寫作的內容去呈現生活的內涵呢？也就是如何把生活內容運用到所寫的東西上面？

六、寫作者可以從那裡去寫？

（一）寫作者可以從生活中去回憶：看看有什麼東西，是你最難忘的，印象最深刻的。

以余光中的一篇散文為例〈天方魔毯原來是地圖〉，余先生就回想到在四川度過中學時代，在閉塞的大盆地裡，除了英文課和地理課之外，就沒有瞭望世界的窗口了，因此他英文讀累了，就看世界地圖而且悠然神往，於是經由回憶，開始寫他旅遊世界各地，並且搜集各地地圖的趣聞。

當然，余先生著作等身，許多作品如寫廈門街的舊事、香港沙田生活以及住在高雄以後的作品，都和生活內容息息相關。

（二）最難忘的東西之外，當然還有最難忘的人：例如林文月的散文作品〈A〉，就是描寫她在京都認識的一位A女士與一位她的指導教授H的婚外情故事。寫婚外情的故事很多，由於是自己的熟朋友，寫來點點滴滴都生動異常。焦桐就十分欣賞，他說：「林文月把一段隱祕而悽然的故事，寫得十分輕淡而自然。」「寫人物也頗有刻劃，如寫到送A回家，兩人分別擁抱時，才發現，原來她竟也變得如此單薄。」我認為這種刻劃，成功的暗示A為情所苦，以致於「身體變得如此單薄。」A在告訴作者這段感情時說:「我都這麼大年紀了，才初次嚐到戀愛的滋味，真是難為情。」「刻劃心理活動，從輕淡的對話中，表現出生動而豐富的層次，把微妙、隱祕的私情，寫得十分吸引人。寫洶湧的情感，表現得十分節制，展現靈活的敘述智慧，和對過往歲月不能忘情的懷念，都寫得人物特別鮮明突出。」

（三）也可以回憶自己的生活經驗：

例如愛亞寫的〈一徑恬心小路〉就是回溯自己的寫作經驗。台灣許多國寶級的人物，如果都把自己的一生回憶寫出來，那將是多麼深刻動人的生命內容。

愛亞的回憶文章之所以讓我想在這裡引述，那是因為她回憶到小學六年級時，作文課老師出一個自由命題的作文，讓她們隨便寫，自由發揮。

於是愛亞就寫了人的飛行，說一群會飛翔的小孩尋找夢之島的故事，老師居然在班上一面誦讀她的作品，一面加一些諷刺的話，弄得全班哄堂大笑。下課時愛亞竟伏在桌上委屈痛哭。同學紛紛跑過來安慰她，還好，同學都表示喜歡她的故事，要她講:「後來呢？那個夢之島後來怎樣了？那個誰後來又怎樣了？」使愛亞知道自己有說故事的天份，經過多年不斷的寫，才成就今天的愛亞，2010年出版長篇小說《是誰在天空飛－非童話》和《誰在天空飛－成人童話》。差一點就被小學老師埋沒的人才，經過自己的一番努力，終於可以在文學的天空飛行，一直飛，一直飛。因此，把自己一生中最難忘的經驗寫出來，也是可以啟迪讀者的好內容。

（四）對於生活環境的感受，也可以成為書寫的好內容：如早年李敖覺得台灣政治人物年齡偏大，老人佔据了所有重要位子，於是一篇〈老人與棒子〉開始了他的政治、社會、文化批評人生，幾十年來就寫了數千萬言的李敖全集，柏楊的《西窗隨筆》、《醜陋的中國人》，龍應台的《野火集》都類似。

（五）對文學題材、形式有所感，也可以發抒為文：例如早年的新詩論戰，寒爵、蘇雪林、邱言曦、關傑明、唐文標都是為文批評新詩，新詩人也群起反擊，形成十分熱鬧的新詩論戰。這些論戰文字，如果收集起來，一定相當可觀，也趣味十足。

六、結　語

以上是就臨時想到的作家提到的一點寫作與生活的相關情形，稍作論述，其他未提到的還有很多。如最近過世的詩人商禽，就因人生際遇都在「逃亡」，因而形成了他獨特的「逃亡文學」。我自己也把自己的戀愛，寫成《煙雲》、《愛之夢》，把家族生活，求學過程寫成《追火車的甘蔗囝仔》和《山澗的水聲》，平日的感觸，旅遊寫成詩集《詩的旅行》和《一朵潔白的山茶花》。因此，我認為幫自己寫作打好基礎只有多閱讀，多寫，等文筆訓練得差不多了，那麼豐富的生活內涵，才是寫作源源不斷的礦源，會永遠開採不盡。

野渡無人舟自橫

— 張默其人其詩

摘　要

本文從已發表的眾多論文中，歸納出張默在詩創作、創辦詩刊、編詩選、推動現代詩方面的重要貢獻。文章分：一、引言。二、在編選方面的重要貢獻。三、詩作的成就探討。四、綜論張默的所有詩國之行的成就。五、結語五部份。

關鍵詞：張默、超實現主義、新詩、現代詩、詩選、評論。

一、引　言

一九三一年出生於安徽省無為縣的張默，本名張德中，一生從事辦詩刊、編詩選、推動詩運、創作新詩，成果豐碩。素有「詩壇的火車頭」、「詩壇的總管」之美稱。我曾在一篇論文中，盛讚他勤練各種創作技巧，是一位「努力的老師傅」[1]。

---

1 落蒂：〈詩壇的老師傅 — 從《張默・世紀詩選》為詩人做歷史定位，收入《兩棵詩樹》（台北：爾雅出版社）。

本篇論文第一部份就是探討研究張默在「編輯」方面的貢獻。李瑞騰曾說：「編輯也是一種知識行為，它不同於著書立說，但輯而編之、論之，旨在匯聚他人的知識、智慧和經驗，從薪傳的角度來看，實不可等閒視之。」[2]把張默編詩刊、詩選等的重要事蹟，做一番研究。

第二部份則著重於張默詩作的成就探討，截至目前為止，最新的「張默著作、編選書目」詩集就有十六部，詩評集六部，散文集兩部，編選集二十五部，洋洋灑灑列了四頁之多。[3]

第三部份則是詩壇評家的評價，這一點十分重要，有人寫詩一輩子，一篇評也沒有，彷彿不存在一樣。而評價張默的文章除了散佈各報章、雜誌外、收集成冊的就有蕭蕭主編，文史哲出版的《詩痴的刻痕》及朱壽桐、傅天虹主編的《張默詩歌的創新意識》，沒有收入這兩書而羅列附錄書目的更不計其數。

像張默這樣，一生幾乎就等於台灣新詩史的詩人，一篇小論文何能道其萬一？掛一漏萬，在所難免，還請海內外方家，多所指正。

二、在編選方面的重要貢獻

張默在一九五四於左營創辦《創世紀》詩刊，後來洛夫

2 李瑞騰：〈張默編詩略述 — 以小詩為例〉，收入《張默詩歌的創新意識》（朱壽桐、傅天虹主編，北京，中國文史出版社）。

3 參見朱壽桐・傅天虹編《張默詩歌的創新意識》（北京・中國文史出版社）。

與瘂弦先後加盟，一路或搖搖幌幌，或轟轟烈烈，走了五十多個年頭，就快一甲子了。

這五十多年中，除了短暫幾年有年輕詩人幫忙外，大都由他一手包辦，「舉凡編輯，跑印刷廠，校對，發行，以及籌措經費，都由他一手包辦，卻從不利用編者職權作自我宣揚，他永遠站在幕後默默地奉獻自己。」[4]

辦詩刊是張默最執迷的工作之一，《創世紀》一創刊，他幾乎是廢寢忘食，細讀每一位詩人的作品，除發掘新人外，也間接培養了自己對詩的鑑賞力。他曾經在南部辦過一個小詩刊《水星詩刊》，就發掘了不少後來成為中堅代詩人的渡也、汪啟疆、陳寧貴、季野等。可見他對詩的鑑賞力非一般人可及。證之後來《創世紀》在「新人專欄」中所推薦的新人，都能有不錯的表現，可見他發掘新人有獨到的眼光。

另外，在詩刊的方向，尤其是詩學的研究推展，《創世紀》也表現了一定的成就，他們引進西方的「超現實主義」，選擇接納其中的優點，避免它在歷史上及美學上的缺失，他們強調的是創世紀同仁有「超現實主義的精神，而不是固執於某種主義。」瘂弦就曾分析：「洛夫偏重語言的密度，張默偏重氣氛的經營，我則偏重感覺的延伸。」[5]

因此張默的詩並不是「超現實主義」的產物，他十分現實，非常容易理解，早年稍晦澀的作品，也只是以較含蓄的

---

4 洛夫：〈無調的歌者 — 張默其人其詩〉，收入《詩痴的劇痕》（蕭蕭編，台北，文史哲出版社）。

5 瘂弦：(為永恆服役 — 張默的詩與人)，收入《詩痴的刻痕》（蕭蕭編，台北，文史哲出版社）。

手法，探討生命，感覺比較細膩，研究事物，較重視內裡，現在讀來其實非常古典，非常中國。

有關詩學方面，《創世紀》也曾請許多學者、評家為文推動，社員本身也有不少理論高手，如季紅、張漢良、葉維廉、簡政珍等。最近幾年我也被邀寫詩的賞析，以吸引年輕的學子讀詩，直到一六二期才改由白靈、李翠瑛等接手，可見張默如何日日夜夜都在想著如何推廣新詩。

除了理論外，最具體的就是編選集。理論有「詩論選」不少，甚至編洛夫個人的研究專集，如：《大河的雄辯》乙書。詩選集更多，最重要有《六十年代詩選》、《七十年代詩選》、《百家詩選》、《台灣女詩人詩選》、《新詩三百首》等，幾乎都成為當代詩學的重要教科書。

另外「年度詩選」也在他的檗劃下，力邀張漢良、向明、李瑞騰、向陽、蕭蕭等人組成六人編輯小組，一編就是十年，然後再改組另外找人接編，到目前已出版了三十年，影響十分深遠。

張默在編選小詩選方面，也十分有成就，幾乎成了小詩運動的推廣者。他所編的《小詩選讀》及《小詩・床頭書》，幾乎是小詩選的代表書，很多詩學老師，都用它做為教本，既方便，又可信，不必再費神去搜羅。

張默編選集，十分用心，以小詩選為例，他前面一篇前序〈晶瑩剔透話小詩〉為題，文長兩萬多字，李瑞騰就認為：「已經做到《文心雕龍》建構文類四大綱領：原始以表末，釋名以章義，選文以定篇，敷理以舉統《序志》，二六條詳實的『注解』，更可見出他的資料能力。」[6]

還有一件別人認為最枯燥乏味的工作，那就是「編目」的工作，張默也樂此不疲。已經編有《台灣現代詩編目》、《當代台灣作家編目》、《創世紀四十年總目》及《台灣現代詩集編目》，他一條條比對，一條條搜集，編成了再改，改了之後再編，資料堆積如山，有時累了，只在資料堆中撥開一小角，略事休息。如果把他編編目之時的初稿，也加以展覽，一定十分可觀。

搜集資料也是張默的嗜好之一，舉凡重要節目特刊、專題特刊都在收集之列。最近文協六十年出版一巨冊史料，中間列印了許多過往的期刊，讓人一看，彷彿時光倒流，立刻回到從前，很有可看性。可是，要保存這些東西，多麼不易呀！

洛夫曾論張默的詩活動：「作為一個詩運的推動者，張默傾其一生作忘我的投入，同時他似乎有著他一動，整個詩壇也跟著動的魔力。」[7]

瘂弦也論張默：「詩人張默不僅是優秀的創作者，也是詩運的推動者，詩刊的創辦人、文學刊物的編輯人和文學新人的培養者。」[8]實為中肯之論。

三、詩作的成就探討

張默很早就寫詩，早期和前輩詩人覃子豪一樣，都寫海

6 同注釋 2。
7 同注釋 4。
8 同注釋 5。

洋詩，都充滿了熱情。張默是安徽人，安徽不靠海，一到台灣，初見大海，那種驚訝、讚嘆以及浪漫的想像，都以詩直切似的表現了出來。

這種浪漫的情懷，使他在創辦《創世紀》之初，加入了東方詩詞的風格和意境的思考，終於提出「新民族詩型的運動」，證之後來的鄉土文學論戰時，文壇紛紛要求由西化者回歸民族傳統思考，彷彿有先見之明。

不過評者往往為《創世紀》復刊號第十一期之後，刊登的詩作，普遍受到現代主義、超現實主義精神的感染，語言中有所謂「自動語言」及「聯想的切斷」有所批評，後來張默和洛夫、瘂弦都一再在文章中表示他們是「制約的超現實主義」，已經修正了法國超現實主義的偏頗。除了瘂弦已經多年不寫詩之外，洛夫和張默都已經回歸東方的民族風格裡，西方詩學，只有加強他們詩作更有可讀性之外，表現技巧的多樣性則更有可觀，這一點和完全西化自是不可同日而語。

「詩宗社」的成立，正是「現代詩歸宗」最具體的行動表現，張默也是主要成員之一，他力主向傳統文化回歸，說明了他的詩觀以及詩法的成熟，證之後來他的作品，對大自然、人生有了更深切的體悟，對人生的逆、順、得、失有了哲學的釋然，和他的詩觀走向回歸東方的、傳統的中國，有很深遠的關係。

回來從第一本詩集《紫的邊陲》談起，這一本書是張默詩作的第一胎，只印五百本，沒有目錄，題目出到角上，你讀的時候，只能在內面讀，不能在外面讀，也就是只能走入詩人的內心，不能看到詩人的外表，很有創意，現代詩就是要有創意，要有別於古詩。到現在為止，詩人甚至主張「玩詩」，不必要「吟成一個字，撚斷數根鬚」，甚至於「一吟雙淚流」，何必呢！

舉詩集中〈關於海喲〉的最後一節為例[9]：

從落腳的一天起
漸漸變了樣，這些偉大的藻類
它們刺戟著她的心
廣博如世界的心
而且任其繁榮，任其喧囂
任其向上，任其連綿
世界沒沒有路，這裡有路
一切是指向羅馬的
小心它要發威了
小心它要淹沒了
這沉潛如哲人的，我們的
關於海喲

寫作時間是一九五九年二月十七日，地點是左營桃子園，發表於一九五九年四月《創世紀》第十一期，距離現在剛好四十年。現在看起來已「十分順眼」，四十年前多少批評，如「不懂」、「鉛字盤一推就是詩」、「猴子坐上打字機」…等譏評不一而是。四十年後可以說「有重大的破壞，才有重大的建設」，試想那時要掙脫古詩的腳鐐手銬，多麼不易！

當時寫詩，並不希望詩存在任何意義，往往只寫一種感

9 引自《張默・世紀詩選》P3-P4（台北・爾雅出版社）。

覺，一種事物的本來面目，屬於作者內心的直覺。當時于還素就在「公論報」書評專刊寫了一篇文章，告訴讀者「讀詩的新方法」：以〈拜波之塔〉」（實在就是以『聖經』的造塔故事為題材）始，到『沉層』止，我們先從『沉層』最後一行往前讀：

靈魂揚著腳踝，走在我們的前頭
我們將攀越攀越攀越
奔放的水流
於喘不過氣來的夜，於無人敢於競走的集所有的力
把黑暗封住，把崎嶇逐出；
嚮往真實的攀越，一次比一次難耐
我們將備受禮讚，我們將穿過
昂大的智慧是前導
人群歷史性的邁入，囚住圈圈的惦記
以人類的手，以所有寬闊者的手
對著一無尋覓的天
離開中心遠些，靈魂終於要狂嘯
葛樂禮於我何有焉

這是詩的最後一節，讀者如果讀不懂，您可以用我的方法，從最後一行讀起，往前讀，就是這一節的復元，就是從『葛樂禮於我何有焉』向前讀到『靈魂揚著腳踝，走在我們的前頭。』也就是他的本來面貌，屬於內心的。」[10]

可見早期引介西方藝文思潮進自己的詩作裡，以有別於

10 于還素：〈讀詩的新方法 — 評張默詩集《紫的邊陲》收在蕭蕭編《詩痴的刻痕》（台北・文史哲出版社）。

古詩的技法之苦心，張默可以說劍及履及。其實古詩中也有很多詩作根本不管主題，如李商隱的詩〈錦瑟〉，蘇東坡的「橫看成嶺側成峰」即是，「雲深不知處」我們也似懂非懂。

總之，第一本詩集選在《世紀詩選》乙書中，雖只有三首，但珍惜當時這種「創業精神」一定有的。到《落葉滿階》詩集出版時，自序中還坦言早期某些詩作「晦澀混沌，表現不夠完整」，認為那是「對現代主義的體驗不深所害」，要到一九六九年以後，才勇於「超越一切的羈絆，毅然邁開創作的步伐，努力試圖建立自己的聲音」[11]。

其實依我之愚見，是否真被那段時間的「對現代主義體驗不深所害」還是得再三研究討論，很多不願或拒絕接受「現代主義」影響的人，詩作是否比接受現代主義影響的人好，請有心人深入研究比較一下。

接著過了六年才出版《上昇的風景》，引來少數人的評論，如大荒〈橫看成嶺側成峰〉就在詩集中，而莊原的〈「上昇的風景」及其他〉創刊於《忠義報副刊》，直到五年之後《無調之歌》出版，才引來較多的評論。有些人甚至以書名做為論文的篇名，如洛夫的〈無調的歌者〉。也有以該書做聲韻學上的研究素材。如陳啟佑的〈聲韻學在新詩上的一項試驗－「無調之歌」的節奏〉。

這本詩集共收作者出版前六年間的作品三十九首，此時詩人已不再生澀，已可「從容自在地展示出近二十年現代詩

11 張默：《落葉滿階》乙書自序。（此處轉引自《張默・世紀詩選》李瑞騰的序，台北・爾雅出版社）。

從『時間巨齒的隙縫中跨出來』的勁拔風姿及崢嶸骨角。」[12] 集中的〈駝鳥〉、〈無調之歌〉更一再被評家提出討論，甚至於「一把張開的黑雨傘」、「我是千萬遍千萬遍唱不盡的陽關」幾已成現代詩經典名句。

從這本詩集中，有心人可以得知張默為什麼能夠在物資貧乏，生活困頓中仍執著於辦《創世紀》詩刊，及孜孜不倦於新詩寫作。〈四十四歲自詠〉是一首很好的參考答案，陳義芝在仔細讀完這一本詩集後，「很肯定的以為，這是張默具有崇高的自我認知及深刻的歷史意識使然，我們從他的幾首贈詩中，可以清楚察覺。」[13]

接著就是黎明文化事業有限公司為張默出版的自選集，書名就叫《張默自選集》，共選二十多年來的創作精品六十七首，有他獨特的風貌，有他在詩壇已建立的地位。此書約可分為創作三個時期，第一個時期乃屬「習作期」，約從民國四十年到四十五年，只選〈陽光頌〉作品乙首，大概自認習作生澀。第二個時期為「成熟期」，約從民國四十六年到五十二年，此時技巧已臻於成熟，語言冷冽，表現內心的熾熱，對比強烈，特能表現作品的悲劇感。第三個時期為「自我肯定期」，約當民國五十三年到出版時的幾年間，此時表現在作品上的是一個開放性的世界，肯定了所見的事象物界的真實意義，在語言的探測能力上，已不再是技巧化的把玩文字，而

12 陳義芝：〈從時間巨齒的隙縫中跨出來 — 論張默詩集《無調之歌》（收入蕭蕭主編《詩痴的刻痕》台北・文史哲出版）。

13 同注釋 12。

是自然流露[14]。

《張默自選集》中有一首實驗詩劇：〈五官體操〉，是一首十分少見特出的作品，詩一開始，首先出場的是一具紅通通的鼻子，而後是一對烏溜溜的眼睛，接著才是一張嘰哩咕嚕的嘴，再接著兩道細細的眉毛也躡手躡腳地步出，最後才是一對碩大無比的耳朵出場，全劇到耳朵下了一道斬鐵截釘的命令：「今天的體操到此為止，請諸位迅速回到原來的崗位。於是大家又忙成一團，霎時，那人的面龐又是鼻是鼻，眼是眼，嘴是嘴，眉是眉，耳是耳了，各司其職起來。」

由以上出場的角色看來，我們已察知「臉即舞台」與「舞台即臉」的感受。最後，那人

他靜靜地站在那裡
依然，沒有任何事件
甚至微風

張默在此詩的結尾，做了一次對生命的宣示，好像有聲音自生命的內層如狂濤排浪般向我們襲來，但他仍靜靜站在那裡，沒有任何事件，這是人生旅程中多麼一種孤困和無奈，無奈中又透著多少自我解嘲[15]。這是詩壇少數的詩劇，彌足珍貴。其實詩人以詩劇表示人生的無奈，更加感人。

張默的第五本詩集是《陋室賦》，出版於民國六十九年二月間，和《無調之歌》一樣，張默已經找回自己的聲音，不

---

14 辛鬱：〈讀「張默白選集」〉（收在蕭蕭主編《詩痴的刻痕》（台北・文史哲出版社）。

15 碧果：（詩是呼之欲出的真摯 —— 兼介張默及其自選集）（收在蕭蕭主編《詩痴的刻痕》 —— 台北・文史哲出版社）。

再壓抑感情，刻意寫什麼「主知的作品」，怕別人說自己「濫情」，一個性情中人，也要忍住深情，勉強去探討人類內在各種不同層面的精神壓抑，十分辛苦蹩腳[16]。

《愛詩》出版於民國七十七年，共分五輯，是張默出版詩集以來比較完美的一集，詩集中的作品，充分「顯示張默是一位民間詩人」，「不避虛詞，有意以疊字加強聲情傳達，藉重複的節奏抒吐深情的詠嘆」，「集中〈蜂〉乙詩，以出神的聯想法，表現對創作神思的渴望」，「〈我站立在大風裡〉則是一首豪邁之歌」，整集詩作，陳義芝都有佳評：「他的詩，自然而無掩飾，民間親和性濃 —— 帶點北樂府精神，有銅琶鐵板的力道，在語法構造上隨機、感情、文言、白話、今聲古調，不管音階高低都能揉捏在一起，創造和諧之境。其詩作之風格在此、趣味在此，部份詩句不合文法分析肇因於此[17]。」

《愛詩》乙書中，熊國華認為最令人感動的還是那些歌頌母愛的詩，集中有一首〈飲那綹蒼髮－遙念母親〉乃是張默得知七十六歲的老母依然健在，心中如火山爆發一樣的噴出一首有「思想高度和藝術高度」的思母懷鄉之作，我曾在《中學新詩選讀》乙書中選析該詩[18]，熊國華也認為：「詩人運用了一系列富於變化、層出不窮的排比和複疊句式，把對母親深長的思念委婉曲折、纏纏綿綿地表現出來，輕快的調子和詠嘆式的節奏，流露出對人生無奈的漠漠哀傷。這種『以

16 蕭蕭：〈深情不掩，陋室可賦〉，〈收入蕭蕭編《詩痴的刻痕》台北・文史哲出版社。

17 陳義芝：〈銅琶鐵板〉評張默詩集《愛詩》〈收在蕭蕭編《詩痴的刻痕》，本段評價，係陳文之濃縮，讀者請自行查考。

18 落蒂：〈「飲那綹蒼髮」賞析〉，〈北港，青草地出版社〉。

樂景寫哀』的手法，確能『一倍增其哀樂了』，比傾瀉無奈的悲憤吶喊更具震撼人心的力量，呈現出一種經心靈高度淨化的詩篇。」[19]

《光陰・梯子》出版於民國七十九年，頗有為自己在詩壇橫衝直撞，披荊斬棘的努力，做一個回顧。回顧過去，彷彿有一把時光的梯子，讓你一路沿梯而上，看到過去的反傳統，而如今那一切竟變成傳統。

此集中有回顧詩人的家鄉，如〈一行行的泥土－故居雜抄〉、〈三十三間堂〉，有故土的懷念，如〈黃昏訪寒山寺〉、〈網師園四句〉，經過時間的沉澱，張默反而成為十分傳統的詩人了。如〈戲繪詩友十二則〉豈是反傳統的現代詩人所樂意寫的？張默此集中的詩，很多都有傳統詩的特色，如小詩〈燈〉，〈誰說我不是內湖派〉既調侃了故舊好友，也觸及了一些詩壇小掌故，可以說是十分傳統的文人書寫。[20]

《落葉滿階》出版於民國八十三年，此集中的作品，除了以往張默擅長的中短篇抒情詩外，此次更推出二百四十行的組詩長篇《時間・我繾綣你》，讓人嘆服他「老得漂亮」、「老當益壯」。這種長達二百多行的長詩，沒有相當能力佈局、運鏡是不容易寫好的，此詩發表後，引來不少佳評。舉沈奇為例：「組詩的結構，史詩的氣韻，大詩的儀式，既保留了短詩簡潔，典雅的品質，又具體架構所蒸騰的恢宏氣勢」[21]可見

19 熊國華：（赤子之心 — 評張默的母愛詩）（收入蕭蕭主編《詩痴的刻痕》，台北・文史哲出版社）。

20 蕭蕭：〈他鄉與家鄉〉 — 讀張默詩集《光陰・梯子》（收入蕭蕭主編《詩痴的刻痕》台北・文史哲出版社）。

21 沈奇：〈生命・時間・詩〉 — 談張默兼評其新作組詩〈時間・我繾綣你〉（《書評》第 5 期 1993 年 8 月 PP. 3-13）。

給予很高的評價。

此集中也甚多小詩，李元洛給予很高的評價：「他的許多小詩之所以能夠做到『言短意長，含蓄深遠』，就是因為他在獨到的生活體驗和深刻的感情激動的基礎上，熔鑄新鮮獨特而且有高度概括意義的生活片斷和細節，寫豐富於單純，寄深意於一瞬，以個別暗示一般，從片斷表現整體，用局部概括全貌，從而在簡約的意象和意象結構中蘊含深遠的刺激讀者參與創造的藝術天地。」[22]

《遠近高低》乙書，出版於民國八十七年，其實早在一年之前，即民國八十六年，他就已由三民書局出版了童詩集《魚和蝦的對話》，並未引起太多討論，其實做為一位作家、詩人，應為兒童寫幾本書，才不虛此生，我想張默也一定十分樂意為兒童寫詩，只是他太忙了。而這本手抄詩集《遠近高低》的批評也不少，有向明發表在新聞報、西子灣副刊的〈遠近高低各不同－讀張默的詩和人〉，及沈奇、吳開晉、林積萍等人的評文。張默只要出詩集，一定引來眾多好評，不愧詩壇老手、高手。

《張默・世紀詩選》這是一本由張默已出版的十本詩集中，精選五十首詩編輯而成，可以說是為張默做歷史定位的書。[23]可是越戰越勇的張默爾後又由香港銀河出版社出版《張默短詩選》（中英對照）、台北九歌出版社出版他的旅遊詩集《獨釣空濛》，及台北・台灣文學館出版《張默集》、北京作

22 李元洛：〈繁英在樹〉 —— 讀張默詩集《落葉滿階》）（收在蕭蕭主編《詩痴的刻痕》（台北・文史哲出版社）。

23 同注釋 1。

家出版社出版《張默詩選》，仍然轟轟烈烈的幹得很起勁。

現在先來談一談獲得眾多佳評，由北京作家出版社出版的《張默詩選》。這部詩選，從 1956 年到 2006 年，橫跨 50 載，共分為 6 卷：卷 1「戰爭偶然及其他」共 17 首。卷 2「城市風情及其他」，共 23 首。卷 3「初臨玉山及其他」共 31 首。卷 4「鞋子筆記及其他」共 12 首。卷 5「無為詩帖及其他」，共 24 首。卷 6「時間水沫小札」組詩，共 86 首。卷末附錄「張默寫作年表」，可以做為研究張默寫詩經歷之用。

揚州大學教授葉櫓，讀到詩選中的〈戰爭．偶然〉乙首，認為可與洛夫名詩〈石室之死亡〉相比：「1.對戰爭體驗的冷峻與嚴酷的思考上，兩者具有異曲同工之妙。2.冷嘲戲謔的筆調下的『戰爭』和『偶然』，深藏而又隱現出張默對生命的悲劇中的人文關懷。3.有非常獨特的色調。」指出三種特點，十分鮮明突出。[24]

渝西學院教授石天河也指出詩選中卷 6「時間水沫小札」，「是最能表現出他心靈本色的詩。這些詩完全是無拘無束的從心坎裡流出來的，不假修飾，不求聖義，不計工拙，甚至無憂於語詞的明晦、段落的承接，與寓意是否表現完足。它完全是放任自由的行雲流水式的自心吟味。它好像是用一張焦尾琴，自個兒在書齋獨奏，似乎在招引知音，卻並不考慮別人能不能辨別『陽春白雪』，與『下里巴人』，只樂意於自己了解自己。」[25]以上評《張默詩選》乃是在眾多評論中

24 葉櫓：〈走向澄澈的生命過程 —— 讀《張默詩選》的感受〉（收在朱壽桐、傅天虹主編《張默詩歌的創新意識》（北京．作家出版社）。

25 石天河：〈人生默味與無奈鄉情 —— 《張默詩選》評介〉（收入朱壽桐、傅天虹主編《張默詩歌的創新意識》（北京．作家出版社）。

挑出，其他讀者自行參考該引用參考書。

另外《獨釣空濛》，是詩選之外的最新詩集，乃張默旅遊世界各地之詩作，包含照片，十分賞心悅目，最值得再三欣賞把玩。全書共收一百三十五首詩，分台灣、大陸、海外三卷詩帖。其中舊作七〇年代之前三首，七〇至八〇年代有十九首，其餘均是九〇年代末以後之詩作佔多數。青年學者王浩翔認為九〇年代以後張默旅遊遍及世界各地，詩作則有下面幾樣特色：「1.冷眼旁觀。2.詩影合一。3.超時空之旅。」[26] 其他尚有向陽，須文蔚、蕭蕭等多人評論此部旅遊詩，可以參閱。

四、綜論張默的所有詩國之行的成就

張默已八十歲了，卻一直走在詩國之路上，詩是他的人生，他的人生也就是詩。要論張默的成就，就是論他在詩的努力之成就。

前面已經從編選、寫詩方面挑出一些這方面的評論。現在還有許多重要評家的大文，從綜合論述方面指出張默的成就，我在此挑出一些較重要的，供讀者參考。

首先是張默的老友洛夫、瘂弦和辛鬱的評論，再及其他。

洛夫：「他對於現代詩運動的貢獻，中國文學史上必有他應得的地位。」[27]

---

26 王浩翔：〈我是千萬遍千萬遍唱不盡的陽關 — 試論張默的旅行詩〉（收在朱壽桐、傅天虹主編《張默詩歌的創新意識》（北京・作家出版社）。
27 同注釋 4。

瘂弦：「張默的詩仍不同於超現實主義，他比較深沉、厚重、不炫才、不賣弄，常常以含蓄的手法去探討生命，詮釋生命，以細膩的感受為經，以真誠的表現為緯，逼進事物的內裡，寫出人生的尊重和莊嚴。」[28]

辛鬱：「他的詩透明而冷冽，詩想凝實，詩素純樸，猶若行雲流水。有時他引導我們走向一片幽渺，在冥寂中，人生是多麼虛幻啊；有時他卻把一團熱烘烘的景象投射給我們，使我們感受到那份熾熱，而激起心中的波濤。」[29]

蕭蕭：「以澎湃的情感為其詩之內容，以無調之歌為其詩之節奏，以時莊時諧的語言為其詩之形式，那麼四十年來的張默作品大約可以如此索探而得。」[30]

劉登翰：「張默對於台灣詩壇，更引人注目的是他幾十年始終不懈地推進詩歌運動的熱情。從一九五四年他與洛夫、瘂弦發起成立創世紀詩社，他就把自己最主要的精力，傾注於辦詩刊、編詩選、搞詩展、寫詩評、扶植年輕詩人，乃至於搜集整理台灣現代詩運動的資料、文獻等等。」[31]

鍾玲：「張默的詩充滿了動感。這種動感是由詩的節奏，動作的意象，及對空間的處理，這三個環節構成的。張默詩的節奏主要由排比而形成，而排比的方式也是變化多端的，如〈孟宗竹的天空〉中的，明的暗的用了七、八種排比方式；

28 同注釋5。

29 辛鬱：〈透明而清冽 — 張默小評〉（收入蕭蕭主編《詩痴的刻痕》台北・文史哲出版社）。

30 蕭蕭：〈張默的愛與詩〉（收入蕭蕭主編《詩痴的刻痕》（台北・文史哲出版社）。

31 劉登翰：〈張默論〉（收入蕭蕭主編《詩痴的刻痕》台北・文史哲出版社）。

光是下面四行就用了四種排比對仗方式:『沒有一絲風／在孟的軀幹和宗的碧葉間／逡巡，參差，以及耳語／沒有一雙手，一陣腳步，一對眼睛…』，張默的詩又擅用強烈的動感意象，如『老太陽照樣從雲彩的邊緣撲過來』(〈死亡，再會〉)『還是要鼓起餘勇，一頭闖進你疙疙瘩瘩的丘壑』(〈追尋〉)。張默詩中的景觀，常呈現廣闊的空間，而詩人的主觀常如駿馬橫掃此間。〈路〉的第一小節充份表現這種征服空間的動感：『我向一切撞擊／不論踩著荒亂的雜草／還是腳踝被碎石梗破／還是四野空蕩蕩的／偶而傳來一兩個逗點似的呻吟』。而張默的〈無調之歌〉則透露客觀的自然景觀，充份應用了節奏、動作的意象，及空間的處理，完美了一首蘊藏生生不息的動力詩篇。」(動感的詩篇)[32]

張漢良:「張默的詩最具有生命自然的節奏，正如華滋華綏(William Wordsworth)所謂:『詩是強烈感覺的自然流露』。或如惠特曼的主張，詩應如丁香與玫瑰的開放，蘋果和梨的成形，遵循自然的節奏，每一朵每一枚都類似，但沒有兩個完全相同。

張默的四行小詩〈駝鳥〉，有著水到渠成的夢的結構。駝鳥首先跳入詩人眼簾，作者開始認知，最後決定駝鳥是『張開的黑雨傘』，由於刖面『遠遠的／靜靜的／閒置在…陰暗…』的客觀描繪，到最後『黑雨傘』的出現，本詩的意象到此業已全部經營完成。另一首『蒼茫的影像』。雖係當年中韓詩人相聚一堂的即興之作，因基於真實的經驗，用情最深而感人。

32 鍾玲等：〈張默小評五則〉(收入蕭蕭主編《詩痴的刻痕》台北・文史哲出版社)(原刊於《愛詩》詩集)。

該詩最末一段:「今天／我們把你送的手帕擰了又擰／泉湧的淚水好重啊／故鄉你的根鬚伸向何處／請輕輕染織我蒼茫的影像。」我們展讀至此，其自然流露的真性，何需再加渲染。（自然的真性）[33]

李英豪：「張默的主體結構（心象基形），不是鬚根，而是圓錐根；不是從地上就分枝出來的灌木，而是有一根主幹，從主幹中開枝散葉的喬木（如拜波之塔）。因而意象的給出，不是齊現；而是從主幹中向四方八面生長出來。即如一個核子的構成，中子外繞動許多電子，形成不同軌跡的電子層。或者可以這麼說，詩人由許多心象組成情境；由許多情境，躍出一個『主題』(如貝多芬)。由於張默給出的內象，是一系列的流動，欲言又止，欲顯又隱；因此，一種幽祕的旋律，有意無意成了他所有詩的形態。我們透視他的詩，如坐在汽車廂內，外邊下著飄飄微雨，車前玻璃蓋上輕滑的水點，驟眼看不清主體對象，但當開動了水撥，在凝神靜觀中，主體對象便漸次浮現，透明而清冽（如神祕之在）。[34]這篇早在一九六六年寫的文章，李英豪竟能一語道破張默寫詩的真境，而且一路走來，不論寫多少詩，技法如何突破，此真境一直沒有改變。

由於近一甲子以來，評家對張默的貢獻評文頗多，不能一一列出，只舉出其中較重大突出之論點，其他讀者請自行參閱已發表的批評文章。

---

33 同注釋 32。

34 李英豪：〈「從拜波之塔」到「沉層」── 論張默詩集《紫的邊陲》〉（收在蕭蕭主編《詩痴的刻痕》台北‧文史哲出版社）。

五、結　語

張默和所有渡海來台的詩人一樣，早歲就離開父母、故鄉，來到這麼一個海中孤島，他們內心中的痛，思鄉思親的煎熬，實非外人所能理解。然而，也由於這種機緣，卻創造了他們在寶島上的文學事業，甚至於寫進文學史。洛夫曾在一篇〈無調的歌者〉中說張默：「一般人認為辦詩刊，編詩選是傻子所做的事。張默卻當作類似革命的事業，注入了全部的熱情與信念，種下麥子，卻讓別人去收穫。」[35]如今看來，傻子不完全是傻子。

很多詩友一直以張默的詩未受到重視為念，如李瑞騰就在〈整合與汲取〉短文之末如此說：「由於長年活躍在詩社會的運動場上，張默的詩反而沒有受到應有的注意，關於這一點，張默自己不能不警惕，畢竟做為一個詩人，詩才是他真正的生命。」[36]陳義芝也發出同樣的感嘆：「張默在今日詩壇上，相較於同時出發的瘂弦和洛夫，顯然令人有實至名不歸的嘆息。」[37]然而，證之張默在辦詩刊，推動詩運，編詩選的努力上，其實他們三人各有千秋。至於詩作，瘂弦也認為各有特色：「洛夫偏重語言的密度，張默偏重氣氛的經營，我（指瘂弦）則偏重感覺的延伸。」[38]

35 同注釋 4。
36 同注釋 32。
37 同注釋 12。
38 同注釋 5。

其實，現代詩推動到現在，名列仙班的詩人，多如夏夜天空的繁星，但真正要跟唐詩、宋詞的成就比，可能還要再多努力。陳義芝不是後來又如此說張默嗎？「相信只要他『對文學的執著以及詩的執著』永不變節，他個人所肯定的『時間』必會為他見證的。」[39]

「野渡無人舟自橫」,在這麼一個不知是不幸或幸運的年代，一批年輕人來到這個無人的曠野，幾十個寒暑過去，竟然開出一片奇花異草，你說玄不玄？

---

39 同注釋 12。

參考書目

一、詩　集

1.張默：《紫的邊陲》（左營：創世紀詩社 1964.10.）
2.張默：《上升的風景》（台北：巨人出版社 1970.10.）
3.張默：《無調之歌》（台北：創世紀詩社 1975.6.）
4.張默：《張默自選集》（台北：黎明文化公司 1978.3.）
5.張默：《陋室賦》（台北：創世紀詩社 1980.3.）
6.張默：《愛詩》（台北：爾雅出版社 1988.7.）
7.張默：《光陰・梯子》（台北：尚書出版社 1990.6.）
8.張默：《落葉滿階》（台北：九歌出版社 1994.1.）
9.張默：《遠近高低》（台北：創世紀詩社 1998.5.）
10.張默：《張默世紀詩選》（台北：爾雅出版社 2000.4）
11.張默：《獨釣空濛》（台北：九歌出版社 2007.7.）
12.張默：《張默詩選》（北京：作家出版社 2007.10.）

二、評論集

1.蕭蕭主編：《詩痴的刻痕》（台北：文史哲出版社 1994.9.）
2.吳當、落蒂合著：《兩棵詩樹》（台北：爾雅出版社 2001.12.）
3.朱壽桐、傅天虹主編：《張默詩歌的創新意識》（北京：作家出版社 2009.4.）
4.沈奇：《台灣詩人散論》（台北：爾雅出版社 1996.）
5.葉維廉：《中國現代作家論》（台北：聯經出版社 1976.）
6.瘂弦、簡政珍主編：《創世紀四十年評論選》（台北：創世紀詩社 1994.）

在時間的囚禁中逃亡

— 讀林婉瑜詩作〈出走〉

一、詩　選

出走　林婉瑜

作為一棵都市裡的樹
對烈陽和暴雨
都得張開自己

一再被掏空的路面
動搖我的底細
我的悲劇來自於根著
並且宿命地，不斷抽長
和水泥一同構成盆地
巨大的塊根

有路人把遊記刻在我木質的版面上
因此，我得以想像草原、森林

和一幅沒有人類鑲嵌的畫
作為一株被種植的風光
與庭院的假山布景
共同描繪這落文明

微酸的雨水與我光合愛戀
影子尾隨太陽的意志位移
伸手試探自由的底限
在煙塵裡更新呼吸
學習更隱密地吐納……

作為一棵都市裡的樹
我的想願
是木本科的
私心豔羨暗中行進的年輪
如此緩慢啊
卻深刻地出走

（選自林婉瑜詩集《剛剛發生的事》）

二、作　者

林婉瑜，一九七七年生，台中市人。台北藝術大學戲劇系畢業，主修劇本創作。曾獲林榮三文學獎、時報文學獎、優秀青年詩人獎等多項。作品入選《中華現代文學大系（貳）詩卷》。著有詩集：《索愛練習》（爾雅）、《剛剛發生的事》（洪範）。

從一九九九年開始真正有意識的寫詩，到二〇〇六年準備出版《剛剛發生的事》詩集為止，大多數的作品，都在記述年輕的心緒流動以及對事物答案的探求，從後記中，明顯看出她對母親和孩子，有同等的愛：「當我凝視孩子的純真而突然察覺，我的注視，也就是昔日母親對我的注視，凝固的想念才會散開，母親生前種種再次清晰。」這點十分不易，俗語說：「父母對子女的愛是長江水，子女對父母的愛是扁擔長。」

難怪作者有許多作品，都是因為喪母之痛而寫，她說除了悲傷和思念，她找不到任何實踐孝道的方法。明顯的例子是〈並不多久以前沒有很久〉乙首，完全不分段，一口氣喃喃自語下來，內容甚為「無厘頭」且一片模糊，除了因傷心過度，失神嚴重的狀況下，很難做合理解釋。也因為如此瘂弦說她：「這種快筆速寫的白描手法，稱得上奇筆，也是一種誘發讀者參與『重寫』的表現策略。」

另外瘂弦也讚許她：「創發很多新的技巧」，鄭愁予評她：「詩之追尋是在知性的，注重歷史的，強調真理的條件下完成。」羅智成也說：「她的作品充滿生活感，比較接近客觀世界。」雖然，林婉瑜已展現出做為詩人的必備條件，剩下的就只有努力的寫下去。

三、探討詩的主旨

作者以都市的樹來象徵自己生活在大都市裡的不自由，

不能自主的無奈:「作為一棵都市裡的樹／對烈陽和暴雨／都得張開自己」。

以「一再被掏空的路面」及「和水泥一同構成盆地」來說明自己的立足點多麼空虛、不實在、不穩，並且受到如同水泥圈住根部的局限，無法發展，而我的根卻是宿命地，需要不斷抽長。寫出人和樹一樣，具有宿命的悲哀。

更悲哀的是，路人在木質的版面上刻遊記，且把我當一種種植的風光，成為庭院的假山布景。利用樹木在都市中真實的遭遇，來襯托做為人也是都市文明中的假山造景的悲涼，一語道破人類物化的困境。

而都市中酸雨和煙塵，對人和樹木都具有傷害性，不論是做為人或樹，都要「在煙塵裡更新／呼吸／學習更穩密地吐納……」悲哀的強度已達頂點。

結尾回到猛省：本來做為一棵都市的樹，它木質年輪會隨時間而一年增一圈，做為人，尤其是上班族，年資的增加，除了薪水調漲外，還有許多其他的好處，如今我卻覺得年輪一年增一圈，好緩慢啊，內心終於決定，深刻清楚且明白的告訴自己:我要出走，我不在這個骯髒污穢的都市裡苟活了。但是如果是一棵樹？它能出走嗎？它走到哪裡？人與樹互相暗喻、反諷。

四、修辭技巧

此詩以詠物為主，並寄託個人的情思，第一段描寫物態，樹對烈陽和暴雨的不得不張開自己，埋下作者接下來要發抒心情感悟的伏筆。果然接下來都是利用樹的立足點、實用性以及外界的迫害，來說明做為都市人悲哀。因此本詩藉由詠物然後抒感，即所謂借物抒感的修辭技巧。

同時本詩在修辭學上也利用到「賓主法」，所謂賓指的是「樹」，主是「人」，也是作者，利用輔助材料「樹」，來凸顯主要材料「作者」從而有力的傳達出主旨的一種章法。這種章法是根據相似去聯想，人被困在都市中，和樹被種在都市的土地上，完全相似，這樣互相烘托，以產生對應的美學，而且有了主有了從，都是為托出主旨而服務，這樣就會形成繁多的統一，因此而產生和諧美。

這首詩的進行，是以層遞的技巧，依序前進，因而在起承轉合上頗中規中矩。首先作者以樹生長在都市之無奈情況開始，依序而有路面被掏空的不易行走，不易站立之敘述，然後又有被用來裝點門面，外界不利於生存的因素之敘述，然後道出結論：要出走，層層剝開，讓讀者由外而內，如剝洋蔥，一層一層，由外而內，直到核心，即所謂層遞法修辭學的使用。

整體來說，此詩也良好的繼承了《詩經》「賦比興」的藝術傳統，利用樹的客觀事物，主觀的進行描繪，大量的作者心情書寫，又都與客觀的事物吻合，營造出條理分明的藝術氛圍，讓人讀來，頗能品味到作者人生的感悟與哲趣。

五、詩藝探究

第一，想像力的充分運作：人和樹，如何聯想在一起，是需要靠敏銳的聯想力才可能辦到的，因為樹是靜態的，人是動態的，之所以能連結在一起，完全是根據相同的宿命，無可奈何，想逃也逃不掉的悲哀。做為都市人，這一點應可以完全體會：為了現實生活，不得不如此。

第二，意象的巧妙運用：這首詩的單一意象是「樹」，藉以描述作者抽象的理念：「被困在都市中」，這樣乾癟枯燥的理念，如果以之入詩，將犯了做詩的大忌：「以理念入詩」，因此作者以「樹」做為中介轉換。這樣做頗得司空圖的主張「離形得似」。

第三，具有詩人之眼：一般人之所以視而不見，原因在於沒有詩人之眼，也就是心眼，才能見別人之所未見，體會別人不能體會的東西。林婉瑜能看到人和樹的關係，才能把個人具有的卓越性和特異性的「看見」，提示出來，尤其瞬間興起的意念，不同凡俗的想法，正是詩人藝術家所獨具的慧眼才能辦到。

第四，具有戲劇性：一般詩作，讀起來之所以乏味，乃因為太平淡，如果能巧妙的加上一些戲劇性的「情境衝突」，較能滿足讀者的期待。這首詩之主要衝突點在於性格命運的衝突。

第五，寫出了現代人痛苦的根源：海德格（Maxtin Heidegger, 1889-1976）指出「人生在世本質就是煩，而且將永不可能解除」。這一人生特質，小說家、戲劇家、詩人，一直以來都以它為表現的主題。作者十分年輕，居然也能體悟生活的本質，以之入詩，十分可喜。

第六，化抽象的時間為具象的年輪，更能深刻表達人被時間囚禁，一直逃亡的命運衝突:「私心艷羨暗中行進的年輪／如此緩慢啊／卻深刻地出走」，內心矛盾衝突，溢於言表。

六、結語：詩路迢迢，唯有堅持

從林婉瑜已出版的兩冊詩集中，不難看出她在文字的運用上已能得心應手，寫作技法上也屢有創新，經常留有想像空間，讓讀者參與創作，有時看似一揮而就，卻更具有寫作的機心，不受限於文學的流派理論，能反映出自己真實的生活，把自己在戲劇教育中所學的，用充滿戲劇性的手法在詩中展現出來，甚至許多詩作的部份情節，頗能展現多元意象的創造，予讀者深刻的閱讀印象，尤其對生存窘態和生存危機的審視更令人激賞。雖寫詩之路漫漫，面對艱難迢遠的詩路，只有堅持的寫下去，才是成功的不二法門，寫詩的人何其多，能登龍門者卻微乎其微，林婉瑜勉乎哉！

剝開無法剝開的私我

—— 賞析碧果的詩〈神祕主義者〉

一、前　言

最近碧果把寫作數年的「二大爺和二大娘」詩作交由爾雅出版社出版，書前有白靈寫的序〈水的上下，火的左右 —— 碧果與他的二大爺〉，頗能指出碧果一生思索的重心，那就是不斷地探索人的肉身（形）與意識（神）的相抗、矛盾、互動和統一。

現在我們就來賞析詩集中的一首佳作〈神祕主義者〉，首先請先看原作：

神祕主義者　碧果作品

二大娘的心裏珍藏著二大爺的一句話
如翠鳥棲息著，而
二大爺心理與二大娘一樣
也珍藏著一句話，像翠鳥

啊　兩具如樹的肉軀呵
總是聞到翠鳥在　咕噥

二、詩的主旨

這首〈神祕主義者〉，詩中出現了兩個人物，一個是二大爺，另一個是二大娘，兩人心中都藏著一句話像翠鳥的話，而且時時聽到翠鳥在咕噥。

像這樣心中各有一句話的夫妻，世間不知凡幾，但二大爺和二大娘所珍藏的卻都是像翠鳥，暗示兩個北方土老夫妻，雖沒甜言蜜語，但恩愛卻是永恆的。

如「樹的肉軀」暗示兩個人表達感情，可能如樹木之木訥，但心中的愛意（咕噥），卻由身體語言表達了出來，正是一般凡夫俗子的婚姻。

作者以二大爺和二大娘為主角，除了表現一般市井夫妻外，還表達了這一代中國人飽經戰亂的人格變形。如同白靈在序中所說「肉身與意識分離症」。

我認為作者寫二大爺和二大娘有下面幾點用意：

第一、暗示懷鄉的心思：碧果離開家鄉的時候，已經十六、七歲，對家鄉的人物，應有粗略的印象，對家族中人，也不容易忘記。而這些人物，這些印象，最具體的就是以二大爺、二大娘、女兒二嫚和幼孫來表現。

第二、替這一代的老兵發聲：二次大戰後，許多戰爭片都鮮明的刻劃出飽受戰爭折磨的士兵圖像。越戰也有不少反思的作品，甚至產生反社會的變態人格都有。為何飽受中日戰爭、國共內戰，流落異鄉永遠無法還鄉的人，沒有詩、小說、散文或電影？這是多麼豐富的題材，多數老兵又拙於文詞，善於表達的詩人、作家，為何不充份利用這一份資產？

第三、創造一個新鮮有趣，令人哭笑不得的人物：亂世中離家，土地、財產沒有了，親人無法相見，反攻的希望十分渺茫，但人還是要活下去。幾十年來散居台島各地的老兵，應該有文學藝術家去關心他們了。不論是黃克全的《兩百個玩笑》，或是碧果的「二大爺」，都會讓人為他們人生的悲喜劇不知該哭還是該笑。

第四、以另類的方式詮釋這一代的悲劇：這一代的悲劇，可以寫成小說、拍成電影，當然更可以用散文細細描寫。而碧果是詩人，詩人必須把眼中所見，心中所感，用最精省的文字去表現，去建構屬於碧果的詩的「視界」。

第五、維持一貫的探討特色：不論是〈靜物〉一詩中一長串的「黑的白的」，或是「一股肉雲」、「一廈驚駭」等怪異的語言，都展示碧果一貫的特色，而且數十年如一日，不論讚美或譴責，毫不改變初衷。人們再次讀到「浸在鼾聲裡的二大爺醒成夜」(〈柿子紅了〉)，對比以前的「被囚之礦的死囚的齡之囚」及「我之一條泥虹的淡水街市之一條泥虹」，就不覺得奇怪了。

三、詩中的意象及修辭

這首詩只有六行，因此使用了兩個十分生動具體的意象，就是「翠鳥」和「兩具如樹的肉軀」中的樹。這種形象化的手法不但讀者一目了然，看到樹的肉軀，馬上想到他們的強壯如樹或木訥如樹。看到翠鳥，馬上想起每個人心中都有如翠鳥歌聲般的心思，或者是秘密。

以當時國人的習慣，接受父母之命的婚姻，心中各有一個秘密即喜歡另外一個人亦非不可能。如果是這樣翠鳥的啼聲就變成「咕噥」，而且時時得聞，亂其心緒，但認命的國人，沒有多少人有徐志摩式的反抗婚姻勇氣，往往一生「忍」著相處，只有心中時時「咕噥」罷了。

此詩在修辭學上使用了「相同併立呈現法」，即「二大娘的心裡珍藏著二大爺的一句話，如翠鳥棲息著」與「二大爺心裡與二大娘一樣，也珍藏著一句話，像翠鳥」兩件事併立存在。這中間暗示著，不只有你心中有秘密，我也有呢！這種同時併存呈現的方法，使事件更清晰，更有震撼力，加強效果。

兩件同樣的事情，雖然拼立存在，但作者寫法還是有變化的，第一個是「二大娘的心裡珍藏著二大爺的一句話／如翠鳥棲息著」而第二個「二大爺心裡與二大娘一樣／也珍藏著一句話，像翠鳥」，「如翠鳥棲息著」對比「像翠鳥」中間就有了變化，更加生動，而且留下令讀者深思的「扣子」，你會想二大娘心中這一句話是二大爺的一句話，而二大爺心裡所珍藏的這一句話是不是二大娘的？如果是則會如何？如果不是，故事的發展又會如何？

同時，「如翠鳥棲息著」與「像翠鳥」雖是指心中同時各有一句話，但在強度輕重效果上是不同的，雖然作者巧妙運用了修辭學上的「層遞法」使他們變成大小輕重不同比例的兩個事物，在讀者閱讀中造成層層遞進，心中的感受一次加重一次。當然，依次類推，如果再出現二嫂心中也有一隻翠鳥，那將是神祕主義中的神祕主義了。

末兩行，作者修辭學的「象徵」上，亦運用十分巧妙。二大爺與二大娘兩個人間的平凡人物，如樹般的肉軀，別人都以為除了柴米油鹽、生兒育女之外，他們懂什麼呀？但是作者卻賦予他們心中各有一隻翠鳥，「總是聞到翠鳥在咕噥」，象徵即使平凡夫妻，還是有心事的，千萬不要以為不爆發的火山就是死火山。這種透過意象的媒介，間接陳示的表達方式，正是象徵用在更進一步的隱喻某些抽象觀念、情感與看不見的事物，不直接予以指明的高度藝術手法。

四、其他詩藝成就探究

碧果這一系列「二大爺」的詩，早就引起注目，十分特殊，如同劉興欽的漫畫「大嬸婆」，凡是到內灣旅遊的人，沒有不被「大嬸婆」的招牌所吸引，且令戰後這一代人回憶起讀初中時「偷看」漫畫的共同記憶。

二大爺的故事，其成功處在於詩中故事的幻與真互相彰顯。在真實的故事如果夠清晰，則以幻想擴充之，如此詩味才不會滯塞。以這首詩為例，現實的部份是二大爺與二大娘就平凡的生活著，但是幻想的部份是心中各有一隻翠鳥咕噥著，這就沒完了，詩味無盡，想像無盡，就有可能因而打打鬧鬧一生也說不完。

這種似真似幻的戲劇式的小詩，每讀一次會有一次不同的感受。每一個人讀後也都會有不同的體會，因此它的留白或想像空間就十分巨大，千萬不要祇想到一種內容、一種情境或只有一種感受。

因此，我讀碧果這一冊詩集《肉身意識》是採全部讀完一次，然後偶而再翻到那裡就讀到那裡，全書給我印象都是借二大爺及二大娘等的身邊瑣事，借助幻想，讓不著邊際的故事，逸出主題，讓你無法確定那些是現實，那些是幻想，有時如幻似真？詩的趣味性於焉產生。如同白靈在序言所說的「二大爺正是與碧果『同質同素』的鏡像。他是『碧果的魂』也是『碧果的殼』，是碧果創造出的既存在又不存在的戲劇性人物。」

碧果的內心世界永遠是那樣的詭異的，作品當然讓人誤以為是在玩文字遊戲一般，二大爺系列的作品，雖然不再出現「小花豹」、「一肢肉雲」、「透紫的娼妓」，但基本藝術觀上並沒有太大的改變，如同白靈所說的：「他不曾間斷於探索人的肉身（形）與意識（神）的相抗、矛盾、互動和統一，此『外』與『內』的辯證關係於是成了碧果一生思索的重心。」

和這首〈神祕主義者〉一樣，還有許多詩都是小說家要表現的題材，但是以詩最為接近藝術的核心，例如〈目擊者〉乙首：

目擊者

二大爺剝開一枚橘子

一瓣瓣橘肉送入口中，之後

開始疑惑。之後

他　　笑了

咯　　僅僅是一枚橘子

是在表達人生的什麼東西？彷彿有所感，又彷彿沒有，這正是碧果給我們的。我曾經是一位「目擊者」，看到一位遊民在檢爛橘子吃，我心中不捨，給了他一顆好的橘子，他笑了笑，同時把好的橘子吃完，咕噥著：不都是一枚橘子。

我不知道碧果目擊了什麼，但是這世界確實有許多值得你用心「目擊」的故事。讀碧果的詩，更要用心去體會，世間多少如〈柿子紅了〉的夫妻：「浸在鼾聲裡的二大爺醒成夜／觸撫窗外一輪明月的是二大娘」的同床異夢的微妙關係。如果不用心，懶於思考，你將錯過碧果詩中的許多奇花果卉，秀山麗水。

傾聽那迷人的腔調

— 讀黑芽〈說什麼　我也願意〉

一、詩　選

說什麼　我也願意
說什麼　我也願意
傾聽
那
秋風落葉之後之美之事

說什麼　我也願意
傾聽
那
山之聲
水之聲

傾聽
那

仰望無聲之聲之氣
在
唇　齒　喉　胸　胃　逐一放逐

說什麼　我也願意
傾聽
那
彎月之前心事
說什麼　我也願意
傾聽
那
茶所給與山之放逐水之放逐聲之放逐

（原刊〈創世紀〉158 期 2009 年 3 月號）

二、詩的主旨

這首詩，是一組六首詩中的第四首，寫得很輕快，清清淺淺的道出作者一連串的心事，剛好可以順便帶出其他五首，所以選它為代表。

詩的題目〈說什麼　我也願意〉，十分率性，妙就妙在這樣的率性。說真的，有些時候，說什麼還都不能一廂情願的願意呢！

詩題雖如此，但它還是有限的，比如傾聽秋風落葉之美事，比如傾聽山之聲、水之聲，比如傾聽那從唇、齒、喉、胸、胃中所逐一放逐的無聲之聲、之氣，更比如傾聽彎月之前的心事、茶所給與、山所放逐、水所放逐、聲音之放逐，這些事情，說什麼作者都願意，我看連讀者都願意。

詩言志，而作者所言之志，多麼平常，卻又多麼新鮮、高妙，是人們心中久久的渴望；作者淡淡的、清淺的、率性的道了出來，令人喜歡。

作者信手拈來，就寫出了人們習見而且忽略之事，經此點出恍然大悟：啊！真該去看一看那秋風落葉，看一看那彎月，細訴心事。總之，所有作者點出的美事，讀者因而猛省並拍案叫好。其他五首都有相同的效果，讀者請自行參閱。

詩中意象的使用也十分單純，都是很平常的秋風落葉、山之聲、水之聲、彎月、茶等，是習見的東西，但是由於平常，由於習見，卻更動人。看似沒有任何心機的經營，而整首詩所呈現的意象氣氛，卻十分突出、不凡。

為什麼？人們平日面對不是繁忙的公事，煩心的家事，就是不好處理的人際關係，作者隻字未提這些，只有率性的道出詩所呈現的事情，背後那些苦況，不用說，讀者就明白了。

尤其，人們在忙碌之餘，喜歡到處走走，作者只有簡單的呈現山之聲、水之聲；告訴你看到秋風落葉，告訴你可以在彎月之前細說心事，整個美好的畫面就出來了。這就是所謂「言不盡意，畫像以盡其意」，也就是意象使用成功的緣故，讀者很容易進入作者訴說的情境中。

三、修辭學上的探討

這首詩在修辭學上有幾點可以探討的：

第一，用題目「說什麼　我也願意」，一連重複四次，帶出作者想要說明的事項，節奏感很好，很適合朗誦。

第二，省掉一次「說什麼　我也願意」，破除呆板遲滯。讀者可以細看第二次「說什麼　我也願意」之後一連出現兩次「傾聽」，本來第二次「傾聽／那／仰望無聲之聲之氣」之前，應該還有一次「說什麼　我也願意」，作者卻省略了。

第三，長短句襯托，有的句子只有一個字，有的卻長達十六個字，可以造成閱讀時停頓及一口長氣讀完的不同讀詩效果。朗誦時更可以造成抑揚頓挫的聲音效果。短句停頓，可以讓讀者思考，長句可以加強作者強調的效果。

第四，虛實交互運用，讓詩產生極大的想像空間。「秋風落葉，山之聲，水之聲」都是實在具體的，任何人得而見之，得而聽之。但唇、齒、喉、胸、胃間之氣，彎月之前的心事，就不易見到，可能是虛的比擬，較不具體，也因為不具體，可以想像的空間就很大。

第五，以層遞法開展情節，來先寫秋風落葉後之美事，再進而寫到去聽山之聲、水之聲的妙境，然後進一步吐出唇、齒、喉、胸、胃間的無聲之聲之氣，也就是吐出悶氣，在社會上忍受太久不敢出聲的悶氣，此時一吐為快。接著寫在彎月之前想心事，最後才寫到茶之給與，也就是靜下來喝一杯茶，舒舒服服的將其他一切放逐，如山之放逐、水之放逐、聲之放逐，將一切放逐，回歸真我，只面對一杯茶，茶所能給予的是什麼，讀者的想像空間就大了。

四、寫作技巧試深

第一，簡單有味的詩，不容易寫，而作者整組詩六首，均有相同的效果，就是讀起來並不困難，很容易瞭解作者要表達什麼。然而，表面簡單，意涵卻十分深長，這就不容易了。例如這組詩中的第三首〈結凍的你〉:「你說／我很熱情的寫詩／怎麼會／／熱情不愛詩／詩必須有點冷最好結凍／才有故事可以／吃」真是妙極了。

第二，構思新奇，有別於現在的現代詩，不會讓人讀了痛苦非凡，有時甚至會再三讀幾次，回味一下，每次，感受都不相同。例如這一首〈說什麼　我也願意〉，給人的畫面就非常清新，思考的方向也十分新奇、特殊，這應該是所有詩人應該認真思考的方向。

第三，夢境的成功塑造，帶給讀者快樂的希望，在生存競爭如此激烈的社會，有時提供給人們一個有希望的夢境也不錯。而作者詩中正提供了一個很美的夢境，你可以傾聽秋風落葉那樣美的事，你可以傾聽山之聲、水之聲，如此美好的人生，幾人能夠？上班無法出遊，假日人多車多，此種美事，只有退休老人可以做到，但退休老人又行動不便，如此一想，能實現那樣的夢境機會還真少之又少呢！成功的塑造如此可貴的夢境，讀之令人欣然。人們不易實現的夢境才是迷人的夢境。

第四，意象的使用與文法修辭均見寫作功力，前面已有討論，這裡不再重複。只是看似新手（第一次讀到黑芽的詩作，頗為驚艷）的作者，寫起來在意象經營及修辭使用上卻十分老練，而且都似乎駕輕就熟，不費吹灰之力，十分神奇。

第五，對人的位置及人生頓悟的哲理有似有若無的透露，凡高明的詩讀者都可以體會到作者探討人生有所悟以後，才寫出這一組詩，同時人活在世上要站在什麼位置，扮演什麼角色，是嚴肅、緊張，或是隨意安適？都可以自己決定，你也可以「說什麼　我也願意」，去看看夕陽、落日，聽聽落葉聲響，何必一定要忙碌終日，一生汲汲營營？

五、結語：意味深長，創新雋永

黑芽這一組六首詩，當我讀到第一、二首時就決定為文推荐了，並不是怕讀者不懂要在這邊嘮叨，而是怕大家未注意錯過了。

你看第一首：「當所有，眼睛都迷失／內在世界對不起外在世界」(〈對不起很容易〉)，多麼迷人？多麼令人一再沉思，為什麼眼睛都迷失以後，內在世界會對不起外在世界？

再看第二首：「我／將／黑／脫去／／在寒冬／／用一種很私人的配方／／做古老的事」(〈洞房花〉)，你會會心一笑吧！

這一組詩，就這麼簡單，但卻能讓人每讀一次，都有每一次的新感受。自古以來，人們所經常吟詠的，都是這一類簡單而有味的詩，不論古詩或新詩都一樣。黑芽的詩為我們提供了一個不必爭論的答案，那就是：詩無論難易，皆要清新雋永而且意味深長，讓人讀後回味無窮，願意一讀再讀。

生命壓抑的誠摯告白

— 讀陳育虹的詩作〈水・蛇〉

一、詩　選

水・蛇

還是進來了
平靜無聲似乎無害的水
游進來蛇一樣游近你腳邊
彷彿一道不確定的
從門縫窗隙
從清晨五點的薄闇
再怎麼封怎麼鎖都擋不住的
一尾
　　　一
　　　　尾
　　　　　蛇
慢慢迤集漶散以你
不易覺察或故意忽略的曲線

彷彿不到一刻鐘或竟是
整整一生
已經漫過你腳心你的
心溼了大片但也來不及了
風急雨急也只能看著
這滲透這不確定
平靜的光這水一尾
　　　　　　一
　　　　尾
　　蛇
無端地幾乎帶著安撫性從門
從窗從靈魂每一毛細孔
游　進來

（曾刊於二〇〇七年一月聯合副刊
收入詩集《魅》寶瓶文化出版）

二、作　者

陳育虹，文藻學院英文系畢業。一九五二年生於台灣高雄縣，祖籍廣東南海。曾旅居加拿大溫哥華十數年，現定居台北。曾獲二〇〇四年年度詩人獎及中國文藝協會二〇〇七年度新詩創作獎章。著有詩集《魅》（寶瓶二〇〇七）、《索隱》（寶瓶二〇〇四）、《河流進你深層靜脈》（寶瓶二〇〇二）、《其實，海》（皇冠一九九九）以及《關於詩》（遠流一九九六）。

基本上具有詩人敏銳的感覺特質，以魔幻夢境般的文字技巧，展現一己對世界、對生活的獨特感悟。她能用具有神祕氣氛的修辭，把讀者帶到文字的深層意涵中去。她在詩中往往表現出世界本來就有許多詩存在，她只不過是帶領讀者去尋詩而已。

她存在最大的意義是她是不隨俗的詩人，她把自己所看到的世界，感悟到的思想，用一種十分自我，十分私密的表達方式，表達出來。

陳義芝評介她：「鬼魅般的夢境想像……潮浪般的韻律感……傾訴空前赤裸的孤獨心聲，狂熱而纖弱，陳育虹是才華橫溢的詩人！」。

羅智成也批評說：「《魅》是陳育虹詩風最徹底、完整的一次顯現。在這情感充沛、知識豐富、想像力驚人的作品集裡，作者企圖建構出一個雙管齊下、多重指涉的言說系統。她比國內一般創作者更勇於參與、介入這個世界的運行與議題，並為此發聲。詩作語法纏綿、意象精準、篇篇深邃動人。」

三、詩中顯示什麼主旨？

〈水‧蛇〉這首詩，主旨在清清淺淺的顯示作者某一段時間，心情的流動變化。是一種極私密的心情或慾望，藉水和蛇的意象，清晰的表現出來。

像這樣躲在文字後面，出之以喃喃囈語，不但小說技巧中常用，詩、散文亦十分常見。這首詩讓抽象的意涵與實相的世界，互相交纏穿梭。

詩貴精簡，所以作者心中洶湧而來的慾望，只以水「還是滲進來了」並且表示是「平靜無聲似乎無害的水」，尤其是「游進來蛇一樣游近你腳邊」，看似平靜，但作者可以把讀者引進作者在文字背後的煎熬，聽見她瘋狂的撕扯和吶喊。

人類因為情感、慾望不得疏解，產生了不少悲劇小說，甚至產生瘋狂的行為，尤其自古以來以男性文化為中心本位，女性被壓抑的痛苦，女性主義的學者艾萊思・肖瓦爾特（E-laice Showalter），甚至指瘋狂是女人的命運，也是女性的本質。」（《婦女・瘋狂・英國文化》（Women, Madness, and English Culture）（一九三〇～一九八〇）。

詩人在清晨五點慾望像蛇悄悄掩至時，說它「彷彿一道不確定的光」，像水一樣滲進來，像蛇一樣游進來，「再怎麼封怎麼鎖都擋不住」。這是以往假道學的人不願意寫，不願意承認的事情，其至於不敢寫的心理狀態。

因此傅柯（Michel Foucault）甚至也說：「瘋癲與藝術作品共始終，因為瘋癲使藝術作品的真實性開始出現。」詩人引導我們看到文字後面的真實性，其實也是一種瘋癲的行為，只是借詩加以巧妙掩飾，達到文字不留痕的境地。比之李清照的「淒淒慘慘淒淒」含蓄多了。

然而，作者仍然是坦誠的，她讓我們看到蛇「從窗從靈魂每一毛細孔／游　進來」。

四、句型的變化與修辭技巧

心情或慾望是抽象的，如何化抽象為具象，水和蛇的意象，十分合身。只有水的漫淹，可以說明心情的到處滲進和漫漶。也只有蛇可以形容慾望的游動，深刻而清楚。在中國的保守社會中，那種不能闡明，不能言說，只好含蓄的以水的漫流，蛇的游進來宣說，以符合溫柔敦厚，賢淑善良的傳統。

此詩從題目就直接以水和蛇來代替心情和慾望，可以說是譬喻法的修辭運用，並以之建構整首詩。從第一行到最後一行，整個情節都不離水和蛇，就是意象經營法中的「情節式意象」。（參見王昌煥《語文表達能力秘笈》，台南，瀚林出版）。

馮至也有一首詩，名字就叫〈蛇〉，但他是一開始便：「我的寂寞是一條長蛇」，「寂寞」是本體，「蛇」是喻體。然而，陳育虹的本體不論是慾望、寂寞或其他心情，都是隱沒的，也就是沒表明出來，這是她的詩不易解的地方，也正是它有趣，令人再三探索的地方。

這樣的本體不見，只有喻體，甚至變成喻體是本體，想要「喻解」就十分辛苦而不易。馮至直接說「我的寂寞是一條長蛇」，雖然比較易解，但也有一個限制，就是不論什麼敘述，說到蛇都和寂寞本身有關，不能任意擴大解讀範圍。它的聯想範圍，顯然較有限。

陳育虹的修辭手法，更讓詩的解讀可以無限擴大，不必局限在寂寞、心情或慾望上，也許用夢也可以解它。夢像蛇像水悄悄的游了進來，流了進來。

只外「一尾蛇」的兩種圖象表列法，也可以使蛇的游動更清楚明白。圖象詩（或叫具象詩、具體詩）並非不可寫看寫了之後，有無更好的效果而定，否則只有作怪，讓人不願接受，也突顯出作者文字技巧已至途窮而已。

五、塑造分裂、矛盾的孤獨情懷

陳育虹大膽的以水和蛇的「意象情節」，和真實的心情抒寫，隱藏虛假的自我，這種分裂在詩的外部涵意中，可以看出她是把握了因社會現實與內在的壓抑而生的二元假象（du-plicity）及幻影（simulacrum）的要意，而寫出「看似無害」的〈水・蛇〉之什麼也沒透露的詩。

水和蛇只不過是作者真實自我的符號鍊碼之遞換與變貌。在閱讀時，讀者必須注意的是詩中的「情節意象」，只是作者的角色扮串。

我們必須如同久蟄睽違的等待者，等待閱讀到作者極盡掩飾又極盡表達的一種矛盾複雜的情感。她掩飾的孤獨寂寞情懷，卻在敘述中以極度誇張的水之漫漶能力與蛇之穿越能力表現出來。作者用一種十分細心，又十分智巧的方式去探視她的內心之情緒變化，像水一樣湧動，像蛇一樣到處鑽探，無孔不入。

她看似沒有一般女性主義者之大膽赤裸，但她的表現深層意義，卻也有著對抗父權社會的內部意涵。劉亮雅曾批評朱天文的小說:「較前進的女性意識結合了其較保守的年齡與族群危機意識，使她擺盪在現代與後現代思考模式之間。」以之來論斷陳育虹的詩，幾乎也可以判斷出她在前衛與保守之間的情懷。

六、寫作技巧探討

第一，以蛇和水的屬性發展情節，表達作者的情意。蛇和水的意象及意象情節，十分成功。陳育虹並隱去主體（喻依），而直接以喻體去表述，讓人留下無限大的想像空間。在張力和新奇感方面也較強。

第二，這首詩除了水和蛇的流進和游進之外，基本上沒有什麼情節，也沒有重大的事件，只是描述一種狀況，一種情境，如同法國新銳年輕女作家瑪麗的新作《暈海》以及已過世的小說家黃國峻的小說〈天花板的介入〉，都是只有狀態，十分抽象。李昂建議讀者對這一類只寫事物、狀態、情境的小說，能看懂多少就算多少。其實樂趣就在閱讀的過程，如何去欣賞文章中的文字風景和風情才重要。這首詩之耐讀，原因也在此。維琴尼亞·吳爾芙的名著《海浪》也是以這種結構的方式寫成。所以一直以來，都被認為是小說寫作的一種新表現方法。

第三，整首詩既婉約多情，又靜定無心，很不容易追到作者內心的原始本能情況，可以說掩飾得很好。等到讀者探到核心主旨，馬上會拍案叫絕，同時也會給自己一個「欣賞力不錯」的肯定。基本上很多人讀詩是沒有信心的，給一點鼓勵也不錯。

第四，整首詩的內涵，勇敢不懼的探看自己最原始的幽深，也最卑微不堪的內在展現出來，深化了生命的況味。我在讀詩的過程中，感受到作者意圖在烘托著一個似夢非夢的情境。詩中隱約顯現生命的矛盾如此，無言亦如此。不過，說一個不是詩的目的，(詩本來就不一定有什麼目的，什麼力量)，難道女人只能躲在房間中，讓情慾像水漫漶，像蛇偷偷的游動嗎？這樣的表達方式，是不是比赤裸裸的女性主義來得有力量？

第五，詩有多重指涉的意圖，不像馮至的〈蛇〉，直接就指明「寂寞像一條長蛇」。整首詩類似李清照寫封閉又敏感，自我陷溺又意識清明的心境。陳育虹的詩語言，既細膩，又夢幻深情，頗能寫出人類的共相，其實大多數人都是如此。

七、結語：駕輕就熟掌握各式語法

陳育虹的詩，因受到許多種類外國詩語言的影響，生動鮮活。詩的表現方式具原創性，思維的敏銳度也強，看似隱隱約約，其實是熱情浪漫的本質，很有可讀性。她的詩帶我們進入一種夢幻恍惚之中，也帶我們進入現實，去看真實的世界，真實的生活，去想有深度的思想，去面對真正的問題。這就是陳育虹，在詩中展現誠摯，也在詩中展示瘋狂，只是，她是那麼技巧而隱約。雖然台灣早就開放了，許多人瘋狂的描寫情慾，但她還是那麼隱約，她所透露出來的只是長長的寂寞身影，其他都隱藏在凌晨的房子中，像水從各種縫隙滲進來，像蛇從每個靈魂的毛細孔游進來。詩是細微的，但若放大成小說戲劇，則是瘋狂而激烈的情慾。骨子裡甚具瘋狂性與爆炸性。

讀陳育虹的詩，覺得詩中有一股魔力，讓人想跑到無人看到的海邊、沙漠、高山瘋狂的呼喊。她的詩中有天真與天才交融的質素，具備了睜一眼閉一眼作夢的能耐。從她的詩，可以讀到悲劇自傳的性質，隱約透露過去的曾經和未經的世事，似乎告訴人們一個青春墜毀，美麗而艱難的人生與文學旅途。她的《魅》所營造的鬼魅氣氛，仍在許多詩作周圍，一層一層的籠罩著，讓人只能在隱約中看到她的部份世界，那麼依稀，那麼朦朧，卻那麼坦誠。

站在時間的稜線上冷眼觀看

— 讀丁文智詩作〈芒〉

一、詩　選

芒

一路趕來的季候風
只為扶正
以芒花為幡的這場祭典
進而　招
魄散於山野的那片十一月的魂

鳥也趕過來啁啾
牠們以咯血之聲
在為提早淪喪的季節悲鳴

而我卻站在時間稜線上以冷眼觀看
老了的秋　是怎樣在日暮途窮中
一點一滴

融進了未雪而雪的那片芒茫之白後
我不禁自問

現在該感傷的是彤雲
還是蕭條了的山色

（原刊二〇〇八年十二月十九日聯合副刊）

二、詩的主旨

詩人以芒花的外形和在秋天的季節所呈現的蕭索，寫出對時間的逼人感受。首先以風吹著芒花，彷彿扶正了祭典用的幡，彷彿在招流浪在山野的十一月的魂魄。詩人是敏感的，尤其對時間的消逝，八十歲左右的詩人，更能感受到那種年齡上的秋意襲人，詩一開始就寫出了詩人感慨時間消逝的心情。

接著詩人聽到鳥聲的啁啾，竟然是咯血之聲，竟然不是悅耳的鳴叫，而是為提早淪喪的季節悲鳴。陸機在《文賦》中說：「觀古今於須臾，撫四海於一瞬。」詩人在瞬間聽到鳥的啁啾悲鳴，以小見大，自可以看出長長的一生即將消逝，年老的歲月，僅剩這麼一點點有限的生命，與古詩「夕陽無限好，只是近黃昏」有雷同的感觸。

第三段詩人站在時間的稜線上冷眼觀看，這一生中春的美好，夏的昂揚，都已過去，如今是老了的秋，是日暮途窮的時刻，看到芒花的白，好像冬雪將臨未臨的情景，人生的一點一滴，此刻都回到心中，引來感觸萬端。

末段剩下詩人自問，該感傷的是面對的彤雲，所謂夕陽無限好呢？還是蕭條的山色，所謂只是近黃昏呢？

詩人面對秋天的芒花，感於一年將盡，年近八十，感於歲月來日無多，寫出了一首震撼人心的佳構。二〇〇六年三月，丁文智由爾雅出版的詩集，就定名為《能停一停嗎，我說時間》，一樣是透過詩來詮釋時間對詩人內心所造成的壓力。

三、意象的使用

時間是無形的，人們用日影、沙漏等有形物體來計算時間，詩人也利用有形的季候風、芒花、鳥的悲鳴、彤雲、山色等來暗示時間，甚至暗示生命的末期。時間是這些外在東西的內涵，經過時間的消逝，內涵終於化為外在的表現。

詩人最擅長將這些言不盡意的抽象東西加以畫象以盡其意，也就是意象的使用。例如「一路趕來的季候風」，使無形流動的時間具象化，彷彿時間是一道季候風，一路吹了過來，人們終於看到了時間。

一路過來的風，用一路趕來的「趕」字特別形象化，好像選手在百米賽跑，如在目前。而一路的「路」字也給予空間化，有一段空間讓時間在上面賽跑，詩人創造了時空一體的不可分割狀態，風像時間走過，而路是風走過的途逕，表現了時空兩者交織的哲學主題，展現了詩人的藝術功力。

芒花是白色的，在山野間展現如幡的祭典意象，正是詩人感受到如同歐陽修在〈秋聲賦〉中所感受到的生之威脅。也如同李白在〈將進酒〉中的感受：「高堂明鏡悲白髮，朝如青絲暮成雪。」李白將一生壓縮，在「朝」、「暮」短短一天之中，而丁文智竟將一生壓縮在季候風吹過來的一剎那，這種快速鏡頭變化的時間蒙太奇手法，正是詩作獲得美感與形成意境的重要原因。

另外「彤雲」與「山色」兩個意象的使用，作者只輕輕點出是「該感傷」而已，並未如古詩「夕陽無限好，只是近黃昏」的大力感嘆，自屬不同的藝術成就。

四、修辭學上的探討

此詩在修辭學上有如下的運用：

第一，比喻的運用：「以芒花為幡的這場祭典」，看到芒花的白，以及對季節、生命等的感受，遂聯想到死亡，以芒花為幡的比喻，變成了招魂、祭典的象徵。即黑格爾所謂的「不在所寫事物的本身（即芒花）上留戀，而轉述另一對象（即幡），使讀者更能明白所寫對象的意義，得到更具體更深刻的印象。」賦、比、興三種詩的表現手法中，以比最易寫，但最難工。丁文智此處以芒花比喻祭典用的幡並不具創意，但卻十分妥貼，詩當然以創意為上，例如布魯東就要詩人「將性質十分不相近的兩個物件拿來做比喻，使它們驚人且突兀的收在一起」，但這是可遇而不可求的，如能在一般人已熟悉的比喻中，巧妙的加以運用，讓人讀來感受深刻，亦比一般拙手寫出一堆情緒的詞句為佳。

第二，聯想的運用：鳥的啁啾，聯想到咯血之聲，聯想到提早淪喪的季節悲鳴，都使詩作更易引人進入一種生命蕭索，即將結束的哀嘆境地。作者此處的聯想乃是屬於「接近相同的聯想」，鳥叫有時像唱歌，十分快樂悅耳，之所以聯想到咯血、淪喪等，乃是作者心情的寫照，更能顯現作者對時間消逝的焦慮感，此處聯想雖仍不具創意，但仍能引起讀者強烈的共鳴，比一般突兀的聯想，讓人不得其門而入，無法感動為佳。

第三，感情移入的修辭手法：丁文智詩中的芒花、鳥的啁啾、彤雲、山色等均不具任何讓人感動的成份，之所以讓人感動，就是作者加入了感情在這些東西上面。如陶淵明的「採菊東籬下，悠然見南山」，南山是否美，關鍵在於「悠然見」三個字。作者此詩關鍵在「我卻站在時間的稜線上以冷眼觀看」，讓人清楚明白詩人站在那裡，表面上「冷眼觀看」，其實是急迫而熱切的注視著「時間」這一種不見形，不見狀，卻能傷人、切人於無形的東西，這一感情的移入，遂使全詩有了藝術生命，也就是美。

第四，擬人化的修辭技巧：第一段「一路趕來的季候風」，是將風比喻為人，快步趕來，除了讓節奏快速生動外，也讓作者對時間快速消逝的緊張焦急狀態表達出來。里爾克在《時間之書》中說他可以聽到時間打擊在他身上的聲音，而丁文智卻是看到時間像季候風一樣，一路趕來，更加具象而生動。一直以來，丁文智的詩在時間主題上不斷的著墨，但不論是〈鄭州桐葉飄〉中的「落葉」，或是〈芒〉中的「芒花」，都顯示人面對「死亡」的無奈，兩詩中「今後亦不知該如何自處的桐葉」和「以芒花為幡的這場祭典」，不論你以什麼心情來解讀，都是那麼淡漠而哀傷，骨子裡有一種任何生命都無法逃脫時間的毒手，一種無可奈何的悲戚。

第五，以層遞法開展情節，讓讀者深刻體會到生命的節奏；此詩以層遞法的技巧，一層翻過一層，情節在層層傳遞間翻轉展開。第一段先寫季候風加速趕來，芒花在風中招展，如同招魂幡主持死亡的祭典。第二段以鳥的啁啾展開奏哀樂，接著詩人如亡靈站在時間的稜線上冷眼旁觀，對時間、生命的一點一點消逝，產生不知是否如彤雲般繁華消逝的感傷，抑或是蕭條山色的落寞，全詩在次第展開間，暗示著生死存亡的哲理。

第六，巧妙的以空間讓時間顯現：時間是抽象的，看不見的，連孔子都要對川流不息的河流發出對時間消逝的浩嘆：「逝者如斯夫，不舍晝夜！」這樣就看到「時間」在流動了。屈原也同樣以《天問》探討時間和空間：「遂古之初，誰傳道之？上下未形，何由考之？」最粗淺的人也會用「光陰似箭」、「歲月如梭」來形空時間的快速消逝。丁文智以風吹過的空間，芒花飄揚的空間，鳥站在那裡的空間，彤雲與山色存在的空間，讓時間從無形中有形的站立出來，這種時空巧妙的有機結合，使詩大大的加強了藝術的美感，不但排除了詩的平庸感，並且大大的加強了驚奇感，使人樂於閱讀。

五、寫作技巧試探

第一，審美主體與審美客體的巧妙結合：〈芒〉一詩中寫的是「芒花」，而內在要表達的卻是「死亡」或「時光的消逝」，芒花的白剛好和祭典用的幡十分形似。這就和楊萬里的詩「畢竟西湖六月中，風光不與四時同。接天蓮葉無窮碧，映日荷花別樣紅」一樣，先有了荷花，才有這一首詩。丁文智先看到芒花，才有了這首對生命、時間迅速消逝的感觸，主體與客體巧妙配置結合，美感因而存在。

第二，將美感壓縮在瞬間，使美顯得豐富而強烈，作者從季候風加速趕來之時起感到時間消逝之恐怖，然後看到芒花、聽到鳥的啁啾，想到人生的繁華落盡，如今已是蕭條的山色（或暮色？)，顯然是短短的瞬間，其感動力如同李白的名句:「高堂明鏡悲白髮，朝如青絲暮成雪」一樣，具有強大的震撼力，在短的瞬間中表達了如此深刻的悲憤，給人的美感是多麼豐富而且強烈。阮籍也有同樣類似的詩:「朝為媚少年，夕暮成醜老」卻和李白的詩句有不同的境界。

第三，空間和時間關係的巧妙變形組合，是形成了詩作美感和意境的重要原因：整首詩探討的是時間，而表現對時間消逝的哀傷卻是有形的空間，兩者巧妙組合，在讀到風迅速趕來的空間距離，即感受到時間的殺傷力，因而有芒花如祭典的幡之意象呈現，如果沒有這些空間上的種種變化呈現，時間消逝之痛感就不會如此強烈，而詩作美的建立與意境的形成就不會如此水到渠成。此詩的奇趣與空靈之美，正是由於空間與時間巧妙變化組合之故。

第四，詩作有豐富的立體感，在藝術美上展現了「雕塑之美」及「空間的深度」。整首詩面對芒花是俯視，面對一路趕來的風是平視，面對鳥的啁啾是左顧右盼，面對彤雲與山色則是仰視，如此多角度的視境就是葉維廉在《維廉詩話》中所說的「全面視境」。也就是宋代畫家在郭熙在《林泉高致》中所提到的「三遠」── 即仰視的「高遠」，俯視的「深遠」，平視的「平遠」，丁文智此詩有綜合以上各種視境的實際表現。

第五，前面修辭學的探討中，提到了作者此詩在比喻上的運用，而整首詩中，讀來卻也有意有未盡，十分含蓄之感，同時也有借物抒感的意涵，鍾嶸在《詩品》中有古人讚美詩藝的話：「文已盡而意有餘，興也；因物喻志，比也；直書其事，寓言寫物賦也。宏斯三義，酌而用之，幹之以風力，潤之以丹采，使味之者無極，聞之者動心，是詩之至也。」作者此詩讀來殊耐回味，乃因有以上三者之故也。

六、結語：從胸臆中自然流出的佳構

曹丕在《典論、論文》中說：「文以氣為主，氣之清濁有體，不可力強而致。」從丁文智的歷來詩作中，可以獲得印證。他的詩作讀來清新可喜，從沒有世俗的濃濁之氣。另外他的寫作也從不故意做詩，往往是水到渠成，形成詠嘆，即鍾嶸在《詩品‧總論》中所說的：「氣之動物，物之感人，故搖蕩性情，形諸舞咏。照燭三才，輝麗萬有；靈祇待之以致饗，幽微借之以昭生。動天地，感鬼神．莫近於詩。」詩人之所以屢有佳構，乃是基於情動於中而形於言，絕不勉強寫詩。因此袁宏道為其弟袁中道的詩集寫序〈序小修詩〉中也說：「大都獨抒性靈，不拘格套，非從自己胸臆中流出不肯下筆。有時情與境會，頃刻千言，如水東注，令人奪魄。」丁文智詩作之所以雋永有味，乃因為積壓胸中，不吐不快，因而成詩之故。

大家來寫小詩

一、前言：我為什麼迷上小詩？

2003 年元旦，林煥彰主編的泰國世界日報湄南河副刊，刊出六行小詩的刊頭詩，位置就在左上角，且定名「刊頭詩」，十分醒目，一時泰華詩人風起雲湧紛紛投入六行小詩的創作。印尼的「梭羅河副刊」也同時響應，十分熱鬧。

2003 年 9 月，煥彰拿了全部八個月份的「湄南河副刊」，要我選優點評。我逐一詳細拜讀，覺得這些小詩意象十分鮮活，聚焦明確清晰，十分喜歡，於是不憚愚陋，大膽的點評了起來，每星期一篇，一直寫了 142 篇，直到 2007 年 12 月 3 日煥彰另有高就，離開世界日報為止。

文章刊出不到五篇，就有曼谷詩人嶺南人寫一篇鼓勵我的文章，說我的評「筆如一把解剖刀，刀起刀落，刀刀入骨入肉，剖解得肌理分明，令人讀後，得到不少啟發。」他希望我一直寫下去，這樣對作者、讀者，都會得益匪淺。

以後這樣的鼓勵聲音，不時刊在湄南河副刊上，且有透過煥彰，知道我的地址，而來信切磋的文友，於是我就寫得欲罷不能了。2004 年 7 月 7 日，更刊出老作家金沙的文章，認為我的點評，「錦上添花，使許多小詩亮麗起來，使廣大讀者對詩的欣賞方面開了竅……」於是，我更加努力點評，希望所有作者、讀者都因我的賞析，而在創作與欣賞方面，有相當程度的進境。

於是，我把台灣已出版的小詩選統統找了來，把所有的詩論書籍中，凡是提到小詩的部份，全部詳加閱讀，果然發現了小詩確有其獨特的迷人之處。

二、多少行，多少字才算小詩？

六行小詩，刊在刊頭，一眼就看到，不會忽略，據曼谷的詩人告知，刊頭詩是讀者每日優先必看的欄目，往往在每日清晨，就被詩中獨特的思考，強大的爆發力所震撼，因而精神百倍，工作效率十足。

然而，小詩是不是一定要六行？世副因篇幅關係採六行徵稿，但我們一般人寫小詩，是否一定要規定六行？向陽就曾經以十行寫天地，白靈也曾經努力於五行詩的創作。

《創世紀》詩刊曾經舉辦小詩獎，決審委員就曾對小詩的行數字數各自表述不同意見。洛夫說：「我認為小詩有兩個標準，第一是形式上的，第二是內在的，形式上是短小、字數少，有可能只有二、三行，或十行，通常不超過十五行…」。白靈接著說：「對短詩的定義是一百字以內，行數不要太多，十行或十行以上在百字以內，或只有幾行，字數多一點也無妨，我的標準比較寬鬆。商禽的〈圖書館〉只有幾行，字數卻很多，此次小詩獎中雖然有行數不多，卻有百字以上的，我都把它算做小詩。」魯蛟則說：「我覺得小詩雖小，它卻是健康完整的生命。小詩小到三、五行，二十幾個字，卻能創造一個長久的氣氛，讓人一下子受到感動、動心、或驚喜。我讀過很多優秀小詩，例如瘂弦的〈晒書〉、〈寂寞〉，鍾順文的〈山〉、商禽的〈眉〉，方群的〈露背裝〉，桑德堡的〈霧〉……等都是很好的小詩」。向陽則說：「小詩寫法在形式上短小是必要的，包括行數、字數，如果行數太多，或字數太多，就不是小詩。」辛鬱也說：「我覺得小詩要有『小格局，大境界』，透明中要含蓄，有深意，有啟發性，絕不是格言，不要扳起面孔說教。」看了上面幾位決審委員的話，可以整理出：「小詩的行數就是少，字數就是少，不能超過十五行，不能超過百字。」這和古詩中的「絕句」（四行），「律詩」（八行），日本的「徘句」（多為三行），另外中國的「春聯」（兩行），都可以算是小詩。因此，我們可以說，小詩就是短小精悍，像匕首，像子彈，一刀命中心臟，一槍命中準心，讓人不必花太多時間，就能獲得閱讀的滿足，意外的驚喜。

三、小詩的特色

小詩除了行數少，字數少之外，還有些什麼特質？

第一，它必須能滿足工商社會人們忙碌時，抽空的閱讀，短暫的時間裡面，就能馬上獲得閱讀的樂趣。大家都很忙，那有那麼多時間去再三推敲？所以洛夫說：「第一，語言要清新，意象要簡潔。不拖泥帶水，疊床架屋，搞得意象複雜。第二，有立即效果，一看就懂，就喜歡這首詩，不要反覆去思考有什麼含意，一舉中的。第三，要餘味猶長，給你很多想像空間。第四，文字背後要有意境，有人生感悟。有知性也有感性，內涵是深刻的。」也就是說它具備了所有詩的要素，但卻要滿足人們在忙碌時，瞬間閱讀的特性，像速食的東西，立刻可以享受，獲得滿足。

第二，慎選寫作題材，小詩的要求就是短小，麻雀雖小，但五臟要俱全，不要說像《伊利亞德》、《奧德賽》、《失樂園》的長詩時代，早已過去了，就是像白樂天的〈長恨歌〉、〈琵琶行〉也不符時代的要求了。它們雖然膾炙人口，但也只傳誦少數的詩句而已。因此，小詩要慎選在短時間內能讓人會心會意的內容。即使像賈島的「松下問童子，言師採藥去，只在此山中，雲深不知處。」讓人彷彿有所得，又彷彿無所獲亦可，這樣不必說明訪者何來，有何目的的小詩，正是讓人瞬間滿足，恆久回味的小詩。目前新詩中已有不少類似的佳構，如夏宇的〈甜蜜的復仇〉即是常被提到的顯例。而桑恆昌的〈觀海有感〉，更常被模仿：「網老了／魚還年輕／船年輕／海卻老了」。像這樣能深深體悟情景，寫出來的小詩，才能吸引讀者。

第三，寫小詩要懂得留白，不可說盡，就像洛夫所說的要有想像空間。寫小詩要用最精省的語言直指意念的核心，至於周圍的一切可省則省，讓讀者自己去想。一首小詩，說多了如同好酒摻水，倒人胃口，你必須把深層含義，留在字裡行間。張默編選的《小詩選讀》，李瑞騰在序文中說：「希望現代的『小詩』能和古近體中的『絕句』、詞曲中『小令』，在中國詩歌文學中鼎足而三。」說白了，絕句、小令的特色就是留白，讓人讀後有「拍案叫絕」的喜悅。

第四，小詩要有機智幽默和巧思，甚至有玩詩的意味。不必一定要都寫成像杜甫〈八陣圖〉那樣的傑作，有時讓人覺得會心一笑或很好玩，讓多數人都想來一起玩詩亦無不可。以前一個小學推動童詩，發現一個小朋友詩很有意思，大意是「媽媽是一瓶好酒／爸爸喝了一口／就醉了」大家也都覺得寫得很妙，頗富機智幽默的巧思：「把你的影子加點鹽／醃起來／風乾／老的時候／下酒」。十幾年前（大約是 1997 年 3 月吧）爾雅出版社與台灣詩學季刊社在台北六福客棧二樓，辦了一場新詩三書發表會，其中之一就是向明、白靈編的《可愛小詩選》，於是白靈就說了：「山老了，樹仍然年輕」，張默接著說：「張默老了，白靈仍然年輕」獲得如雷的掌聲。其實這乃是把桑恆昌的「網老了／魚還年輕」加以遊戲利用，一般人也可以如法泡製。2008 年 2 月，爾雅出版社在爾雅書房替林煥彰的詩集《翅膀的煩惱》舉辦新詩發表會，林煥彰即席朗誦他的許多小詩，其中有首「鳥飛過／天空還在」，顯然也是桑恆昌詩作的變奏，當場許多來賓熱烈鼓掌，並表示：「這樣我也會寫詩！」為什麼不可以？為什麼一定要讓詩嚇死人？小詩要有親近大眾的特色。

第五，小詩應特別注意語言的凝鍊，要像鑽石一樣能多面展現光澤，亦即羅青在他主選的《小詩三百首》中所說的：「理想的小詩，應該是擁有一個自給自足的完整境界，其中情景交融，意象應合，可以反映出多層的意義，多面的象徵。」亦即如鑽石雖小，卻可展現多層次，多面向的光澤，達到「小而美，小而省」的詩之美學。也即是張默在他主選的《小詩・

牀頭書》中所說的：「小詩的語言，儘量講求密度與純度，務期以最凝鍊的文字，一舉達成表現鵠的。」正是鑽石般的小詩，最好的詮釋。

四、小詩發表概況

小詩從五四時期開始發源，歷經三個高潮，至今已近九十年，這三個高潮是：第一，新詩誕生時期有劉大白、康白情、汪靜之等人大量創作小詩，尤其冰心和宗白華的小詩，曾風靡一時。第二，抗戰開始，田間、艾青、王亞平、邵子南等人創作鼓勵戰鬥意志的小詩。第三，新時期，內容更寬廣，形式更靈活的小詩多了起來，早期紀弦、覃子豪、鍾鼎文、洛夫、張默、瘂弦及近期白靈、向陽、蕭蕭、陳義芝等都創作了相當多小詩（鄒建軍：〈試論小詩的美學特質〉）。

由於小詩的發展迅速，創作人數眾多，於是小詩選便應運而生，首先羅青於 1979 年由爾雅出版兩冊《小詩三百首》，1987 年張默也由爾雅出版《小詩選讀》，1997 年張朗由絲路出版社出版《小詩瑰寶》，1997 年爾雅也出版了向明、白靈合編的《可愛小詩選》，2007 年張默再由爾雅推出《小詩・床頭書》。大陸方面也有《中國現代抒情小詩選》（1984，重慶版）、《中國當代抒情小詩五百首》（1985，長江文藝版）、《台灣小詩五百首》（1992，長江文藝版）等，十分熱鬧，其他未在筆者收集之列的小詩選更多，限於手邊無書，暫不列入討論。更因為許多人看好小詩，詩刊特別闢專輯討論，如《台灣詩學季刊》1997 年 3 月第十八期就闢有「小詩運動專輯」，參加討論的有羅門、非馬、張健、白靈等多人，十分熱烈。《創世紀》詩雜誌更於 2007 年 3 月號第 154 期舉辦了首屆「小詩獎」，從公開徵稿發表於 150 期到 153 期之間的一百五十家，詩作五百多首中經初複、決審選出不計名次五人，各給獎金一萬元及精美獎牌乙座，詩壇十分注目。

白靈多次表示：「未來的時代是小詩時代」，非馬也說：「我相信小詩是世界詩壇的主流，如果不是目前，至少也是不久的將來。」洛夫更說：「中國是小詩傳統」，可見小詩的發展被多數人看好，可以多寫，畢竟未來是小詩的天下。

五、小詩的寫作要注意什麼？

根據小詩的特質，寫作小詩除了注意一般詩作的寫作要領外，特別要注意下面的事項：

第一，短詩特別注意瞬間的感悟，多數是主情的作品，產生於片刻的會心會意，悟景悟情，寫作特重易讀、易懂、易記及晶瑩剔透、回味無窮（謝輝煌：〈古往今來看小詩〉）。

第二，小詩寫作特重繪畫中的「留白技巧」，詩中要「詩情、詩意、詩思」一字要當十字用，一個標點也可以重若千鈞。詩中袖裡乾坤，可以變化自如。如果押韻，力戒其滑。注重文中多義性，務使耐品、耐讀、耐存、耐傳。要使小詩像蜜蜂，身軀小，績效高，翔舞自如，蜜汁誘人（張健：〈小詩十六說〉）。用心經營「爆發點」，務使爆發威力，牽動全詩（羅門〈短詩短論〉）。

第三，注意偶發的靈感，隨時筆記下來。有時讓靈感與想像力交叉反射。一張畫，一部電影，一封信，一張風景明信片，都可以引發靈感。有時一束玫瑰、一輪明月，一夜奇遇，惡魔式的浪漫，也可以帶來無限文思。隨時帶著一本「心情小站」的筆記本，不要有漏網之魚。(楊平〈驅動小詩的二十二種誘因〉)。

第四，寫詩要寫到意足為止，如果九行可以表達的，為什麼一定要寫十行？（非馬〈漫談小詩〉)，所以我們並不要求小詩要寫三行或五行，以意足為止，但若超過十行，則只經營成短詩，短詩和小詩仍有差別。

第五，要用最少的字，表達最多的意思，用字要「精準、雅緻」，務使所有表現都十分貼切（白靈：〈閃電和螢火蟲－淺論小詩〉)。

六、結語：期待小詩天下迅速來臨

白靈說過：「小詩無妨像閃電或螢火蟲」，不論是閃電，直劈而下，或是如螢火蟲幽幽的光芒，都帶來無限的美感。馬克吐溫也說過：「貼切的字和差不多貼切的字的差別，就如同閃電和螢火蟲之間的差別一樣。」白靈說這一段話引發了他上面那句話的聯想。如果有一件小事、小東西，都能引起你多方聯想，那麼小詩就在你的周圍，在你的不遠處，甚至是在你的方寸之間，垂手可得。小詩易寫難工，如泥鰍不易捕撈，要用心思索，勤於追捕，才會豐收。

讓全民都來寫小詩，尤其是中小學教師都來寫小詩，像遊戲一樣的寫小詩，對新詩的推廣十分有助益。1994 年 9 月

6 日下午，《台灣詩學》社舉辦了一場「現代詩教學座談會」，會中主持人李瑞騰就表示豐富的創作經驗，可以容易開發學生的詩學觀念以及提高寫作興趣。白靈也表示自己把寫詩，玩詩的經驗拿來教學，例如改「被車撞了一下」為「被美撞了一下」，改「給他一把梯子」改為「給夢一把梯子」等等，都會讓詩好玩起來，寫詩讀詩的人口自然就會增加了。

林煥彰在結束了世界日報副刊的主編工作後，擬在各地推動出版《小詩磨坊》的詩選，目前已在泰國華文詩人中出版了兩冊。第二冊獲選的八人，每人三十首，每首後面加上一段作者「小語」，並請重慶西南師範大學新詩研究中心的呂進教授為其中四人寫一至三句「短評」，另外四人則由落蒂書寫。據說林煥彰正在徵台灣地區的「小詩磨坊」作品，希望不久將來，能看到它亮麗的出版。